STAUFFENBURG
Medien

W0364098

Stephanie Grimm

Die Repräsentation von Männlichkeit im Punk und Rap

STAUFFENBURG
VERLAG

Die Deutsche Bibliothek – CIP-Einheitsaufnahme

Grimm, Stephanie:
Die Repräsentation von Männlichkeit im Punk und Rap /
Stephanie Grimm. – Tübingen : Stauffenburg-Verl., 1998
(Stauffenburg Medien ; Bd. 2)
ISBN 3-86057-871-5

Postfach 25 25 · D-72015 Tübingen

Gedruckt auf säurefreiem und alterungsbeständigem Werkdruckpapier.

Druck: Deile, Tübingen
Verarbeitung: Gogl, Reutlingen
Printed in Germany

ISSN 1435-1048
ISBN 3-86057-871-5

Vorwort

Fiktionen sind kulturelle Formen, die es uns erlauben, probeweise und somit gleichsam 'experimentell' mit Welten in Kontakt zu treten, die uns in unserem Alltagsleben verschlossen sind. Die Kultur der Punks und die Rap-Musik besitzen die Funktion solcher 'Andersheit' für die Kulturtheorie. Anders wäre die erstaunliche Faszination mit dem Phänomen auch im akademischen Bereich nicht zu verstehen. Dabei ist ein psychischer Mechanismus am Werk, der in jeder Generation neu greift, wenn auch mit jeweils wechselnden Inhalten. Gemeint ist die Faszination mit (realen oder inszenierten) Außenseiterpositionen, in denen die Grenzen und Zwänge bürgerlichen Lebens überschritten oder gar souverän ignoriert werden. Punk und Rap haben diesen Ritus symbolischer Transgression auf eine neue Ebene gehoben: Sie haben die rebellische Geste mit Musik unterlegt und zu neuer Expressivität geführt.

In der Beschäftigung mit 'starken', identifikationsträchtigen Außenseiterpositionen ist die Versuchung der Idealisierung groß. Das wird durch die meisten Arbeiten zum Thema belegt. Von ihnen unterscheidet sich die vorliegende durch eine gelungene Balance zwischen Sympathie und kritischer Perspektivierung. Punk und Rap werden als Bewegungen begriffen, die darauf abzielen, eine Subkultur "als Gegenmoment zur Gesellschaft, als etwas 'Anderes', Abseitiges zu positionieren". Doch geschieht das nicht durch einen oppositionellen Akt, in dem existentielle Authentizität wiedergewonnen wird, sondern durch neue Formen performativer Selbstinszenierung. Es ist die detaillierte Beschreibung dieser Elemente von Performanz, Expressivität und symbolischer Selbstinszenierung, durch die die vorliegende Arbeit über andere hinausgeht. Die Interpretation bleibt dementsprechend nicht auf die Analyse von Musik und Texten ausgerichtet, sondern erachtet die Repräsentation des Körpers durch Mode, Gestik, Tanzbewegung und andere Formen des zeichenvermittelten Selbstentwurfs als ebenso wichtig.

Diese Selbststilisierung ist nur zu verstehen im Kontext kultureller Konstruktionen von Männlichkeit, für die der Körper zum Medium der kulturellen Einschreibung von Identität wird. Die Arbeit liefert dazu nicht nur einen Überblick über die Konstruktion von Männlichkeiten in der Rock- und Popmusik, sondern auch in den lebensweltlichen Kontexten, in denen Punk und Rap sozial verwurzelt sind: "Wichtig ist hier die Beobachtung, daß *'gender'*-Identität in der Rockmusik sich nicht nur über sexistische Aussagen im eigentlichen Text manifestiert, sondern eben schon in der Struktur von Rockkultur angelegt ist". Zugleich wird aber auch in einer für die Arbeit charakteristischen Argumentationsbewegung dem bloßen Sexismusvorwurf der Boden entzogen durch die historisch fundierte Herausarbeitung eines oft experimentellen Umgangs mit Geschlechtsidentitäten in der Rockmusik und Rockkultur.

Die differenzierte theoretische Position der Arbeit – gestützt durch eine souveräne Verarbeitung der aktuellen Fachliteratur zum Thema '*race*', '*class*' und '*gender*' – bewährt sich in der Darstellung der Punkbewegung und der Rap-Kultur. Beide, Punk und Rap, werden als kulturelle Gesamtsysteme begriffen, die – wie etwa im Fall des Punk – qua Collage aus divergenten sozialen und ästhetischen Traditionen rebellische Ausdrucksformen basteln, die weit über den musikalischen Ausdruck hinausgehen. Im Gegensatz zu einem geläufigen Interpretationsschema werden diese rebellischen Ausdrucksformen jedoch nicht nach dem Widerspiegelungsmodell gedeutet, sondern selbst noch im Moment unprofessionellster 'Spontaneität' als Strategie der Selbstinszenierung gesehen. Dabei bleibt im Blickfeld, "daß der Anspruch, für eine benachteiligte gesellschaftliche Gruppe zu sprechen, oft eher der Inszenierung des rebellischen Subjekts dient, als daß es einer 'authentischen' Befindlichkeit oder einem klaren politischen Bewußtsein entspringt."

Diese Perspektive bewährt sich auch in der Analyse des Rap, der ebenfalls nicht einfach als Sprachrohr der afro-amerikanischen Bevölkerung verstanden wird. Das erklärt nicht nur die Ausweitung der Analyse von Text zur performativen Gesamtinszenierung. Es ermöglicht auch einen neuen Umgang mit den oft gewalttätigen Botschaften des Rap, die hier nicht als wörtlich zu nehmende Absichtserklärung, sondern als sorgfältig kalkulierte provokante Geste erscheinen. Das wird plausibler, wenn Rap und der ihm eigene 'prahlerische' Sprechgesang im Kontext der afro-amerikanischen Kulturgeschichte und deren "expressivem Ethos" gesehen werden, in der die Kostümierung als 'Gangsta' als Form der Mimikry bzw. des "signifying" (H.L. Gates) neu lesbar wird.

"Musik sowie Texte sind eine Projektionsfläche, mit der Identität ausgedrückt wird. Sie sind somit auch ein Rahmen für die Verhandlung und Neuerfindung dieser Identität". In der Regel steht in kulturwissenschaftlichen Arbeiten bei der Analyse musikalischer Formen diese Dimension der "performativen Expressivität" nicht im Mittelpunkt, weil sie sich nicht in gleicher Weise für starke kulturkritische Aussagen eignet wie die Textebene. Dagegen werden dieser Ebene hier sowohl im Hinblick auf Punk als auch Rap jeweils eigene Kapitel gewidmet. Beide Kapitel, wie die Arbeit insgesamt, belegen, daß die Betonung der Rolle symbolischer Selbstinszenierung und der imaginären Selbstpositionierung eine kulturkritische Dimension nicht eliminieren muß, sondern umgekehrt gerade auf den Untersuchungsgegenstand auszudehnen vermag, ohne dabei die ästhetisch wie politisch innovative Dimension von Punk und Rap herabzustufen.

Berlin, im Juni 1998 Winfried Fluck

Inhalt

0. Einleitung

Die vorliegende Arbeit beschäftigt sich mit dem Bild von Männlichkeit in der Rock- und Popmusik, genauer gesagt damit, wie in den Genres Punk und Rap Männlichkeit konstruiert und repräsentiert wird. Lange Zeit wurde die Repräsentation von Männlichkeit in der Populärmusik nicht reflektiert. Erst in den vergangenen zehn bis fünfzehn Jahren wurden die Konstruktionen von '*gender*'[1], die die Rock- und Popmusik strukturieren, von Künstlern wie Kritikern zunehmend hinterfragt. Das spiegelt sich in zahlreichen Publikationen, insbesondere auf dem angloamerikanischen Markt wider. Unter diesen Veröffentlichungen sind besonders *The Sex Revolts – Gender, Rebellion and Rock'n'Roll* von Simon Reynolds/ Joy Press und *Sexing The Groove – Popular Music and Gender*, herausgegeben von Sheila Whiteley, als Grundlage für diese Arbeit relevant. Bei meiner Beschäftigung mit Geschlechterkategorien geht es um die Frage, durch welche Mechanismen in Musik und den sich darüber definierenden Subkulturen '*gender*'-Identität geschaffen wird. Ein wesentliches Element bei der Konstruktion von Identität ist der performative Ausdruck. Durch Performanz[2] positioniert sich der Handelnde gegenüber seiner Umwelt. Performative Inszenierungen gründen sich auf expressiven Ausdruck. Dieser Ausdruck, im folgenden auch als Expressivität bezeichnet, wird von mir als kulturelle Artikulationsform, die darstellungs- und ausdrucksbetont arbeitet, verstanden. Der Begriff der Expressivität ist jedoch nicht essentialistisch gemeint. Als Essenz bezeichne ich in diesem Kontext all das, was von essentialistischen Theorieansätzen als unveränderlicher Kern begriffen wird. So geht es bei Expressivität nicht zwangsläufig um die Artikulation einer inneren Essenz, auch eine offen mit Künstlichkeit spielende Inszenierung kann sich expressiver Ausdrucksformen bedienen.

Selbstdarstellung durch Expressivität spielt in Sub- und Jugendkulturen eine große Rolle. Sie dient dazu, Identität zu konstruieren und bestehende

---

1 Der Begriff '*gender*', der im Englischen für die Bezeichnung des sozialen, kulturellen Geschlechtes steht, oftmals in komplementärer Ergänzung zu dem Begriff '*sex*', der das biologische Geschlecht benennt, wird von mir in dieser Arbeit oft unübersetzt gelassen, weil es kein angemessenes deutsches Äquivalent gibt.

2 Performanz ist der deutsche Begriff sowohl für '*performance*' (die konkrete Realisierung einer Darstellungsabsicht) als auch für das dahinterstehende Konzept von '*performativity*', welches die kulturelle Praxis von Repräsentation als Prozeß beschreibt. Ich werde Performanz der Klarheit wegen im folgenden, falls nicht anders vermerkt, in seiner theoretischen Bedeutung benutzen.

Konstruktionen von Identität neu zu verhandeln[3]. Performanz und Expressivität sind die Mittel, mit denen der Gesamttext einer Subkultur, der sich aus einzelnen Elementen (wie etwa der Mode, der Musik und den Texten) zusammensetzt, formuliert und artikuliert wird.

Deshalb werden Performanz und Expressivität bei der vorliegenden Untersuchung über die Konstruktion von Männlichkeit im Punk und im Rap eine wichtige Rolle spielen. Performanz wird zu einem wesentlichen Teil durch die Inszenierung des Körpers vermittelt[4]. Daher wird neben der Analyse von Musik und Texten die Beschäftigung mit der Repräsentation des Körpers, die sich an Mode, Bewegung und Styling festmachen wird, ein zentraler Bestandteil dieser Arbeit sein. In der Pop- und Rockmusik ist der Körper der Ort, an dem der Musik zugrunde liegende Konzepte und Inhalte, so auch das zentrale Thema der sexuellen Identität, in eine konkrete Darstellung umgesetzt werden:

> Concentrated in dancing and the visceral immediacy of a musical performance (on record or 'live'), it is the physical sense of the musical 'now' that is crucial to pop culture. It is the body that ultimately makes, receives and responds to music, and it is the body that connects sounds, dance, fashion and style to the subconscious anchorage of sexuality and eroticism.[5]

Rock- bzw. Popkultur stellt sich für mich im Kontext dieser Arbeit als eine Kategorie dar, die alle Sub- und Jugendkulturen umfaßt, die sich mit einem Genre von Rock- und Popmusik befassen oder die sich über einen Musikstil definieren. Dabei tritt die oft emotional geführte Diskussion ("Was ist Rockmusik? Was ist im Gegenzug dazu Popmusik? Welcher Künstler ist welcher Kategorie zuzuordnen?") zurück. Dieser Diskurs ist stark ideologisch motiviert und dient einer Hierarchisierung der populären Musik[6]. Diese Hierarchisierung hat auch Auswirkungen auf die '*gender*'-Konstruktionen in der Rock- und Popmusik. Sie ist scheinbar logisch und universell angelegt

---

3 "Through performance, human beings not only present behavior, […], but they reflexively comment on it and the values and situations it encompasses. " Fine, Elizabeth C. und Jean Haskell Speer. "Introduction". *Performance, Culture and Identity*. Hg. Elizabeth C. Fine und Jean Haskell Speer. Westport (Ct): Praeger, 1992: 8.

4 "[…] performance art is a form of rhetoric, a rhetoric of gestures in which, by and large, bodily movements and signs (including the use of the voice) dominate other forms of communicative signs, such as language and iconography". Frith, Simon. *Performing Rites – On The Value of Popular Music*. Oxford und New York: Oxford University Press, 1997: 205.

5 Chambers, Iain. *Urban Rhythms – Pop Music and Popular Culture*. New York: St. Martins Press, 1985: 209.

6 So werden kategorisierende Abgrenzungen (Musik für Männer vs. Musik für Frauen; 'schwarze' Musik vs. 'weiße' Musik) durch diese Diskussion eher unterstützt als abgeschwächt, was dem universellen Anspruch von Pop- und Rockmusik widerspricht.

(dazu mehr in Kapitel 2) und dient so dazu, Strukturen zu verschleiern anstatt sie offenzulegen. Deshalb werde ich Zuordnungen zu und Abgrenzungen von 'Rock' und 'Pop', die versuchen, Rock- oder Popmusik anhand klar umrissener Kategorien zu definieren, vermeiden und den Begriff in seiner Kombination (Rock- und Popmusik), der alle möglichen Genres beinhaltet, verwenden[7]. Als vernünftige Lösung scheint Shumways Ansatz, Rockmusik nicht als musikalisches Genre, sondern als eine "historically specific cultural practice"[8] zu begreifen. Die Pop- und Rockmusik und die sich durch sie konstituierenden Jugend- und Subkulturen sind ein wichtiges Instrument zur Selbstpositionisierung und Identitätsfindung für junge Leute[9]. In ihr finden sie einen Rahmen, der es ihnen ermöglicht, verschiedene Modelle von Identität spielerisch zu verhandeln und so symbolisch ihr Verhältnis zur Gesellschaft zu definieren.

> A large part of the appeal of pop culture is that it can offer symbolic resolutions to life's contradictions.[10]

In diesem Rahmen können gesellschaftliche Zuschreibungen, so etwa Geschlechterkonstruktionen, aber auch andere Kategorien, wie ethnische oder geographische Herkunft, '*race*' oder gesellschaftliche Schicht, verhandelt werden. Meist kommt es weder zu einer kompletten Übernahme noch zu einer strikten Ablehnung bestehender Konstruktionen, sondern zu einer

---

7 Vgl. Shumway, dessen Ansatz, Rock'n'Roll als 'discursive practice' zu begreifen, mir sinnvoll erscheint: "More significant, however, it is unclear just what an individual instance of Rock'n'Roll is, since neither records nor lyrics nor written music can be regarded as primary. There is no text in this genre. Or at least, there is no text of the same order as a poem or a novel, which is to say that rock texts are elusive in more ways than those that poststructuralism has claimed for texts in general. Rock lyrics are no more or less unstable than other kinds of language. Rather, Rock'n'Roll as a discursive practice cannot be identified with any of its many codes and products." Shumway, David R. "Rock'n'Roll as a Cultural Practice". *The South Atlantic Quarterly.* Vol. 90 No. 4 (1991): 754.

8 Shumway, "Cultural Practice", 755.

9 "Für die Jugend entsprang alles dem Rock'n'Roll (Mode, Slang, sexuelle Gewohnheiten, Drogen, Gewohnheiten, Posen), wurde vom Rock'n'Roll ins Leben gerufen oder erhielt von ihm die Bestätigung." Marcus, Greil. *Lipstick Traces. A Secret History of the Twentieth Century.* Cambridge (Ma): Harvard University Press, 1989. (dt. Übers. von Hans M. Herzog und Friedrich Schneider. *Lipstick Traces. Von Dada bis Punk – kulturelle Avantgarden und ihre Wege aus dem 20. Jhd.* Hamburg: Rogner & Bernhard, 1992): 59. Diese Aussage stellt wohl eine Zuspitzung dar, die der Komplexität des Lebens junger Leute, das auch von vielen anderen Faktoren beeinflußt wird, nicht gerecht wird, benennt aber nichtsdestotrotz eine relevante Tendenz.

10 Wallace, Michelle. "When Black Feminism Faces The Music, and the Music Is Rap". *New York Times.* 29. Juli 1990: H20.

differenzierten Selbstpositionierung[11]. Dies verweist auf das progressive Potential sowie den gleichzeitig affirmativen Charakter von Sub- und Jugendkulturen. Diese Ambivalenz findet sich auch im Umgang mit Geschlechteridentität. Die Pop- und Rockkultur bietet jungen Männern (für junge Frauen sind die Möglichkeiten etwas eingeschränkter, wie im folgenden noch zu zeigen ist) Alternativen zu konventionellen Konstruktionen von Männlichkeit, die ihnen erlauben, ihre Identität in einem, trotz der Abweichung von der gesellschaftlichen Norm abgesicherten Raum zu verhandeln. Pfeil beschreibt das Potential, das diese "'*teen' masculinity*" bietet:

> [...] a masculinity, moreover, with the well-nigh irresistible attraction of being almost exactly as transgressive as it is normative.[12]

Bei der Forschung zu '*gender*'-Konstruktionen in der Rock- und Popmusik sind zwei Musikstile und -subkulturen meiner Meinung nach besonders relevant. Dabei handelt es sich um Punk und Rap.

Der Begriff Punk steht für die gesamte Punkkultur, die neben der Musik auch andere Ausdrucksformen wie Styling, Verhalten und eine bestimmte Lebensform umfaßt. Als Rap bezeichne ich die Musik, die zusammen mit Kunstformen wie Graffiti und Breakdance die Hiphopkultur ausmacht[13]. Oft wird Rap deshalb auch als Hiphop bezeichnet.

Da beide Stile verschiedene Phasen durchlaufen haben, Rap in noch vielfältigerer Weise als Punk, werde ich meine Untersuchung im wesentlichen auf zwei Perioden beschränken. Bei Punk konzentriere ich mich auf die Ausformung, die sich zwischen 1976 und 1978 in England herauskristallisiert hatte. Dies ist auch der Stil, mit dem Punk heute gemeinhin assoziiert wird. Die Verbindungen zwischen britischem Punk und seinen Vorläufern, wie der New Yorker Punkszene der frühen 70er Jahre, und nachfolgende Subkulturen, die sich aus dem britischen Punk ableiteten, werde ich im geschichtlichen Abriß von Punk kurz skizzieren, in der Analyse der performativen Ausdrucksformen aber zurückstellen. Bei Rap werde ich mich auf zwei Strömungen, die sich Ende der 80er Jahre herausbildeten, konzentrieren. Sie

---

[11] " [...] popular culture has a contradictory nature – it contains 'dominant', 'negotiated' and 'oppositional' meanings, often blended in the same text. " Horrocks, Roger. *Male Myths and Icons – Masculinity in Popular Culture*. New York: St. Martins Press, 1995: 27.

[12] Pfeil, Fred. *White Guys – Studies in Postmodern Domination & Difference*. London und New York: Verso, 1995: 75.

[13] "Rap must be understood as one cultural element within a larger social movement known as hip hop, which also included breakdancing and graffiti art." Garofalo, Reebee. "Black Popular Music: Crossing Over or Going Under." *Rock and Popular Music – Politics, Policies, Institutions*. Hg. Tony Bennett [u.a.]. New York und London: Routledge, 1993: 237.

lassen sich unter den Begriffen 'Gangsta' Rap und politischer Rap subsumieren[14]. Diese beiden Genres veranschaulichen meiner Ansicht nach die Grundtendenzen innerhalb der Rapmusik[15]. Auch hier werde ich Ursprünge und Weiterentwicklungen im historischen Teil anreißen, innerhalb der Analyse aber vernachlässigen.

Sowohl Rap als auch Punk entwickelten sich in einer Phase gesellschaftlichen Umbruchs. Beide Bewegungen haben ihren Ursprung zu Beginn der 70er Jahre[16], in einer Zeit, in der sowohl in den USA als auch in Großbritannien der politische Konsens der Nachkriegszeit zu zerbrechen begann[17]. Der Arbeitsmarkt bot den Jugendlichen aus den urbanen Zentren der US-amerikanischen Großstädte und aus der zerfallenden Arbeiterschicht Großbritanniens immer weniger Arbeit an[18]. Besonders die traditionelle Rolle junger Männer wurde von diesen Entwicklungen in Frage gestellt. Dies hatte eine Neuverhandlung des traditionellen Geschlechterverhältnisses zur Folge.

---

[14] 'Politischer' Rap wurde mit der Erstveröffentlichung *Yo! Bum Rush The Show* von 'Public Enemy' 1987 einem breiten Publikum zugänglich. Die Etablierung des Genres 'Gangsta' Rap wird der Veröffentlichung von *Straight Outta Compton* von 'N.W.A.' zugerechnet. Beide Genres gehören zur dritten Phase von Rap. "The third period that has proved to be the most creative in rap music so far lasted from 1983 to approximately 1989. Almost all of the albums now considered classics were released during that period. "Salaam, Mtume ya. "The Aesthetics of Rap". *African-American Review*. Vol. 29 No. 1 (1995): 312.

[15] "Die sich um den Rap rankende symbolüberladene Hiphop-Kultur – Tanzstile, Kleidungsstile, Graffiti, Szenesprache – oszillierte von Beginn an zwischen den Polen Black Awareness und Hustler Attitude. Die Linienkämpfe, die es seither darüber im Rap gab, sind beeindruckend." Jacob, Günter. "Public Enemy". *Spex*. Juni 1990: 26.

[16] Bei Rap dauerte es lediglich länger, bis die Öffentlichkeit Kenntnis von der Subkultur nahm, und die Szene entwickelte sich in relativer Isolation von der Dominanzkultur.

[17] Für die politische Situation in Großbritannien vgl. Schröder, Hans Christoph. "Die Geschichte Englands. Ein Überblick". *Länderbericht Großbritannien*. Hg. Hans Kastendiek [u.a.]. Bonn: Landeszentrale für politische Bildung. 1994: 55. Für die Entwicklung in den USA siehe Berg, Manfred. "Die innere Entwicklung der USA seit dem Zweiten Weltkrieg". *Länderbericht USA*. Band 1. Hg. Willi Paul Adams [u.a.]. Bonn: Landeszentrale für politische Bildung, 1992: 201-212.

[18] "The aspiring working class of the black community found itself looking at white America across a growing cultural chasm and looking down at the poorest of the black poor, with no social safety net below them." Morley, Jefferson. "Rap Music as American History". *RAP – The Lyrics*. Hg. Lawrence A. Stanley und Jefferson Morley. London und New York: Penguin, 1992: XXI. Siehe auch Lipsitz, George. "We Know What Time It Is – Race, Class and Youth Culture in the Nineties". *Microphone Fiends – Youth Music and Youth Culture*. Hg. Andrew Ross und Tricia Rolse. New York und London: Wesleyan University Press, 1994: 18. Vgl. auch Hazzard-Donald, Katrina. "Dance in Hip Hop Culture". *Droppin' Science: Critical Essays on Rap Music and Hip Hop Culture*. Hg. William Erik Perkins. Philadelphia: Temple University Press, 1996: 223-4.

Diese Umbrüche und deren symbolische Verarbeitung sind ein wesentlicher Bestandteil sowohl der Hiphop- als auch der Punkkultur[19]. Sowohl Punks als auch Rapper sehen sich als Vertreter einer unterprivilegierten Schicht. Dieser Umstand gibt jedoch nicht unbedingt Auskunft über deren tatsächliche soziale Herkunft, sondern ist oftmals eine freiwillige Positionsbestimmung[20]. Diese so konstruierte Protesthaltung führt dazu, daß Punk und Rap von Kritikern und in der akademischen Rezeption oft als politischer Diskurs verstanden werden. Diese Betrachtung wird meiner Ansicht nach der Komplexität und kulturellen Bedeutung des Phänomens nicht gerecht. Dennoch ist zu beobachten, daß in der wissenschaftlichen Auseinandersetzung mit Punk die Klassenperspektive dominiert[21], während im Zusammenhang mit Rap der Faktor '*race*' im Vordergrund steht[22].

Zwar ist die Klassenzugehörigkeit ein Faktor, der bei der Herausbildung einer Subkultur eine Rolle spielt, jedoch keineswegs deren zentrales Element. Vielmehr dient die als 'klassenbezogen' wahrgenommene Position (die sich ebenso als rebellische Pose interpretieren läßt) oft als Grundlage für die performative Verhandlung von Identität. Diese Position ließe sich innerhalb eines erweiterten Interpretationsrahmens nicht nur als Artikulation von Klassenzugehörigkeit, sondern eben auch als Ausdruck von '*gender*'- oder ethnischer Identität interpretieren.

Begreift man Rap und Punk so, daß ihre performativen Inszenierungen darauf abzielen, die Subkultur als Gegenmoment zur Gesellschaft, als etwas

---

19 "Life on the margins of postindustrial urban America is inscribed in hip hop style, sound, lyrics, and thematics." Rose, Tricia. *Black Noise – Rap Music and Black Culture in Contemporary America*. Hanover und London: Wesleyan University Press, 1994: 21.

20 "Although rap is clearly a form of protest, naming it protest music is not sufficient motivation for the emergence of rap music or hiphop. Being angry and poor were not new or unusual phenomena for many African-Americans in the 1970s." Rose, *Black Noise*, 26.

21 Ein Großteil der Forschung über britische Subkulturen entstammt dem Umfeld des Birminghamer *Centre for Contemporary Cultural Studies*, welches Subkulturen meist nach der Artikulation einer politischen oder ethnischen Identität absuchte. Vgl. auch Höller, Christian. "Widerstandsrituale und Pop-Plateaus – Birmingham School, Deleuze/ Guattari und Popkultur heute". *Mainstream der Minderheiten – Pop in der Kontrollgesellschaft*. Hg. Tom Holert und Mark Terkessidis. Berlin: Edition ID-Archiv, 1996: 60. Eine Ausnahme stellt hier Angela McRobbie dar, die sich mit Frauen in Subkulturen beschäftigt. Zu dieser Problematik vgl. auch: May, Michael. *Provokation Punk – Versuch einer Neufassung des Stilbegriffs in der Jugendforschung*. Frankfurt: Institut für Jugendforschung und Jugendkultur, 1986: 6-11. May kritisert, daß performativen Aspekten der Punkkultur zu wenig Aufmerksamkeit geschenkt wird und daß die Suche nach einem Klassenbewußtsein im Punk bei vielen Kritikern im Vordergrund steht.

22 Im Rap wird '*race*' aber auch von den Rappern selber meist als zentraler Punkt begriffen, während dies im Punk bezüglich der Kategorie '*class*' nur sehr eingeschränkt festzustellen ist.

'Anderes', Abseitiges zu positionieren, trifft dies für meine Begriffe den Kern von Jugend- und Subkulturen besser, als es die Suche nach soziologisch verifizierbaren Determinanten zu leisten vermag. Die für das Selbstverständnis von Sub- und Jugendkulturen oft zentrale Position des Außenseiters ist die Grundlage für konfrontative performative Inszenierungen mittels Stil und wirkungsvoller '*performance*'.

Die Frage nach der Konstruktion von Männlichkeit in Punk und Rap ist wegen der ambivalenten kulturellen Praxis in beiden Genres so interessant. Einerseits vertreten beide Genres innerhalb ihres kulturellen Kontextes progressive, gegen das kulturelle und gesellschaftliche Establishment gerichtete Ansätze. Andererseits spiegelt sich dieser progressive Ansatz in der Geschlechterpolitik dieser Genres nur bedingt wider. Frauen spielen im Rap, deutlicher noch als in der Punkszene, eine marginale Rolle.

Die Spannung zwischen progressiven und affirmativen Aussagen ist weiten Teilen der Populärkultur immanent[23]. Doch bei Punk und Rap ist der Widerspruch zwischen dem Anspruch auf individuelle (und – in manchen Subgenres, wie etwa beim politischen Punk und Rap – auch kollektive) Befreiung von gesellschaftlichen Zwängen und der konkreten Umsetzung dieses Anspruches in bezug auf die '*gender*'-Identität besonders eklatant.

Der Frage, wie 'männliche' Identität im Rap und im Punk geschaffen wird, werde ich wie folgt nachgehen. Im Anschluß an diese Ausführungen umreiße ich als Grundlage für die Analyse von Männlichkeitskonstruktionen die Entwicklungen in der '*gender*'- und, davon ausgehend, der Männlichkeitsforschung. In Kapitel 1 wird es um die kulturelle Konstruktion von Männlichkeit, mit besonderem Blick auf Jugend- und Subkulturen und den gesellschaftlichen Kontext von Punk und Rap gehen. Kapitel 2 beschäftigt sich mit Männlichkeit in der Rock- und Popmusik als Grundlage für die Ausführungen über Punk und Rap, die sich durch die Kapitel 3 bis 9 ziehen. Dabei werde ich unter 3. und 4. Punk und Rap in einen historischen und konzeptionellen Kontext setzen, um, auf dieser Grundlage, in den Kapiteln 5 und 6 der Frage nachzugehen, wie mit performativen und expressiven Mitteln im Rap und im Punk Identität konstruiert wird. In Kapitel 7 werde ich die Ergebnisse der Analyse miteinander vergleichen. Auf dieser Grundlage untersucht Kapitel 8, wie mit performativen und expressiven Mitteln im Rap und Punk männliche Identität konstruiert und repräsentiert wird und wo die Überschneidungen und Unterschiede dieser Repräsentationen liegen. In Kapitel 9 soll zusammenfassend dargestellt werden, ob und inwieweit die

---

[23] "One must have rather rose-tinted lenses to miss the abundant and persistent existence of these 'non-progressive' elements throughout many cultural forms." Rose, *Black Noise*, 104.

Repräsentation von Männlichkeit in Rap und Punk die '*gender*'-Struktur in der Rock- und Popmusik verändert hat.

Die Analyse der performativen Strategien in Rap und Punk möchte ich an zwei Beispielpaaren festmachen, die meiner Meinung nach die Pole des Spektrums gut repräsentieren. Die diese Analyse unterstützenden Beispiele haben keineswegs den Anspruch einer vollständigen Interpretation der besprochenen Bands. Sie sollen vielmehr bestimmte Phänomene an konkreten Beispielen verdeutlichen.

In diesem Vergleich möchte ich zunächst 'Public Enemy' als Rapformation der Punkband 'The Clash' gegenüberstellen. Beide Bands haben einen klaren politischen Standpunkt und aufklärerischen Anspruch. So werden sie von Kritikern wiederholt als '*message rap*' bzw. als '*message rock*' bezeichnet. Auf der anderen Seite möchte ich die 'Gangsta'-Rapformation 'N.W.A.' den 'Sex Pistols' gegenüber stellen. Für meine Begriffe verkörpern die 'Sex Pistols' einen ähnlichen Ansatz innerhalb der Punkbewegung wie 'N.W.A.' und auch andere 'Gangsta'-Rapper im Rap. Sie repräsentieren ein grundsätzliches In-Frage-Stellen gesellschaftlich verankerter, moralischer Positionen. So wird Bestehendes negiert, ohne konkrete soziale oder politische Alternativen zu formulieren. An diesen Bands machte sich deshalb auch ein Großteil der Kritik, mit der Punk und Rap sich konfrontiert sahen, fest. Diese vier Bands repräsentieren meiner Ansicht nach die Pole, innerhalb derer sich die Punk- und die Rapkultur bewegte[24].

0.1. Die Entwicklung der Männlichkeitsforschung

Bevor ich weiter auf die '*gender*'-Konstruktionen in Rock- und Popmusik eingehe, erscheint es sinnvoll, diese Arbeit im Kontext der Geschlechterforschung zu positionieren. Die Entstehung der Männlichkeitsforschung kann nur durch einen Rückgriff auf die Entwicklung der feministischen Diskussion und der '*gender studies*' erklärt werden.

Das Entstehen der '*gender studies*' war eine logische Konsequenz feministischer Diskussionen. Die mit der Frauenbewegung der 1970er sich intensivierende Diskussion über patriarchale Strukturen bildete die Grundlage für die Analyse der Struktur zwischen den Geschlechtern. Bald stieß der feministische Diskurs in einigen Punkten an seine Grenzen. Die Einsicht in die Heterogenität weiblicher Erfahrung stellte die universelle Anwendbarkeit mancher feministischer Theorien, die ihre Kritik an der patriarchalen

---

[24] Vgl Kapitel 1, Fußnote 15 hinsichtlich Rap und Kaptitel 3, Fußnote 40 hinsichtlich Punk.

Gesellschaft auf einfache Binaritäten und ethnozentrische Ausgangsbedingungen gegründet hatten, in Frage[25]. Darüber hinaus hatte die Betonung weiblicher Differenz dazu geführt, daß Geschlechterkategorien durch den Essentialismus, der weite Teile der feministischen Diskussion dominierte, eher bestätigt als hinterfragt wurde[26]. So verschob sich die Auseinandersetzung mit Geschlechteridentität weg von der Bezugnahme auf frauenspezifische Themen hin zu einer strukturellen Analyse von '*gender*'-Konstruktionsbildungen. Diese Verschiebung beinhaltete eine stärkere Reflexion der Rolle, die Männer in dieser Struktur spielen[27]. Während Männlichkeit in der frühen feministischen Forschung oft nicht als Konstruktion reflektiert wurde, ist ein Hinterfragen des 'Normalzustandes' Männlichkeit in den '*gender studies*' zentrales Element. Im Rahmen dieser Entwicklung wurde deutlich, daß man nicht von einer alles dominierenden Konstruktion von Männlichkeit sprechen kann, sondern daß es auch hier notwendig ist, die Vielfalt der verschiedenen 'männlichen' Lebenskonzepte einzubeziehen[28].

Der Diskurs über Geschlechterkonstruktion bewegte sich lange Zeit entlang der Auseinandersetzung zwischen konstruktivistischen und essentialistischen Ansätzen. Grob vereinfacht, geht der essentialistische Ansatz von einer biologisch verankerten Essenz als Grund für die Herausbildung einer Geschlechteridentität aus[29], während konstruktivistische Modelle davon ausgehen, daß die Geschlechteridentität von den sozialen Strukturen geprägt wird. Das Problem des konstruktivistischen Ansatzes, nämlich, daß der

---

25 "Mit der Kritik an der Homogenität der Erfahrung schien der wichtigste gemeinsame Nenner, von dem aus feministische Theorien ihre Legitimation erhielten, erschüttert zu sein. [...]. Mit der Problematisierung des Begriffs 'Differenz' waren die *Women's Studies* in ihren Fragestellungen und Antworten selbstkritisch an ihre Grenzen gestoßen." Hof, Renate. "Die Entwicklung der *Gender Studies*". *Genus. Zur Geschlechterdifferenz in den Kulturwissenschaften*. Hg. Hadumod Bußmann und Renate Hof. Stuttgart: Krögner, 1995: 10.

26 Vgl. Hof, "Gender Studies", 10-11.

27 "So trat etwa die Überlegung in den Vordergrund, ob die Probleme von Frauen in der Abgrenzung gegenüber Männern und damit isoliert gelöst werden könnten, oder ob nicht vielmehr die Beziehungen der Geschlechter zueinander zu klären seien. Diese Frage steht im Zentrum der *Gender Studies*, deren Genese jedoch nicht ohne die von den *Women's Studies* aufgeworfenen Problemstellungen zu verstehen ist." Hof, "Gender Studies", 4. Vgl. auch Horrocks, Roger. *Masculinity in Crisis – Myths, Fantasies and Realities*. New York: St. Martins Press, 1994: 12.

28 Siehe Smith, Paul. "Introduction". *Boys – Masculinities in Contemporary Culture*. Hg. Paul Smith. Boulder: Westview Press, 1996: 2-3.

29 Auf die Probleme, die der Essentialismus mit sich bringt, verweist Connell: "The weakness in the essentialist approach is obvious: the choice of the essence is quite arbitrary. Nothing obliges different essentialists to agree, and in fact they often do not. Claims about a universal basis of masculinity [or femininity] tell us more about the ethos of the claimant than about anything else." Connell, Robert W. *Masculinities*. Cambrigde (UK): Polity Press, 1995: 69.

männliche oder weibliche Körper schon existiert, bevor gesellschaftliche Prägungen greifen können, wurde durch die Einführung des '*sex–gender*' Systems umgangen[30]. Daraus ergab sich die Aufsplittung der Diskussion in '*sex*' und '*gender*', in der zwischen biologischem (dem gegebenen Körper) und sozialem Geschlecht (der kulturellen Sozialisation) unterschieden wurde. Doch auch diese Sichtweise erwies sich als problematisch, weil dieser Aufsplittung trotz des Bekenntnisses zur Konstruiertheit von '*gender*' ein latenter biologischer Determinismus immanent ist. Die Biologie ist stillschweigend für die Beantwortung all jener Fragen, die von der soziokulturellen '*gender*'-Analyse offengelassen werden, zuständig. Dieses Problem führte dazu, das '*sex–gender*' Modell in Frage zu stellen[31]. Die Kritiker des '*sex–gender*' Ansatzes, besonders exponiert Judith Butler[32], gehen davon aus, daß '*gender*' eine Konstruktion ist, die durch Ausagieren und Performanz der Geschlechterrollen erst geschaffen wird, und daß der biologische Körper als Grundlage dieser Konstruktion wenig aussagekräftig ist[33]. Dieser Ansatz dominiert gegenwärtig die '*gender*'-Diskussion. Die mit

---

30 Siehe auch Hofs Verweis auf Gayle Rubin, die dieses System 1975 erstmals benannte. Hof, "Gender Studies", 13-14.

31 Vgl. Lindemann, Gesa. "Szenen einer Begriffsehe". *die tageszeitung*. (5. August 1994): 13. Siehe auch: "Das System der Zweigeschlechtlichkeit wird nicht mehr als unhinterfragbare Biologie gesehen, die durch gesellschaftliche Rollenzuweisungen lediglich angereichert wird, sondern als gedankliche Konstruktion, die unsere gesamte Weltsicht durchdringt – und damit nicht als Essenz, sondern als Effekt, als Kultur statt Natur." Bechdolf, Ute. "De- und Rekonstruktion von Geschlecht beim Musikfernsehen. Eine Fallstudie". *Step Across The Border. Neue musikalische Trends – neue massenmediale Kontexte.* Hg. Helmut Rösing. Beiträge zur Popularmusikforschung. Vol. 19/20 (1997): 185.

32 Butlers Theorie ist zu komplex, um sie in diesem Kontext hinreichend vorzustellen. Hier soll der Hinweis auf ihre Position, die eine Kausalität zwischen biologischem Körper und kulturellem Geschlecht anzweifelt, genügen. "If gender is the cultural meaning that the sexed body assumes, then a gender cannot be said to follow from a sex in any one way. Taken to its logical limit, the sex/ gender distinction suggests a radical discontinuity between sexed bodies and culturally constructed genders. Assuming for a moment the stability of binary sex, it does not follow that the construction of 'men' will accrue exclusively to the bodies of males or that 'women' will only interpret female bodies." Butler, *Gender Trouble*, 6.

33 "Dagegen hält Butler fest, daß Geschlechtsidentiät weder 'natürliche' Anlagen oder einen psychologischen 'Kern' verberge. Sexualität sei vielmehr als Effekt zu verstehen, der durch die diskursiven Verfahren der Kultur erzeugt werde, ein künstliches System, dem keine 'natürlichen Triebe' vorgängig sind, dem der Leib vielmehr Oberfläche und Bühne für die kulturellen Einschreibungen bereitstelle." Baureithel, Ulrike. "Verwirrung im Geschlechterspiel". *die tageszeitung.* 31. Oktober 1992: 13. Die performative Grundlage von '*gender*' bedeutet jedoch nicht, daß das Individuum einfach durch die Veränderung der Inszenierung auch eine Veränderung seines/ihres '*genders*' herbeiführen kann. "Gender, then, is both a doing – a performance that puts conventional gender attributes into possibly disruptive play – and a thing done – a pre-existing oppressive category." Diamond, "Introduction", 4-5.

diesem Ansatz einhergehende Abwendung von der 'Natur' und die Hinwendung zur 'Kultur' macht es für die konstruktivistische Diskussion schwierig, die durch die Verneinung der Existenz eines präkulturellen, biologischen Geschlechtes entstandene Vakanz auszufüllen[34]. Eine Auflösung der Widersprüchlichkeiten und Probleme der verschiedenen '*gender*'-Theorien kann ich an dieser Stelle nicht leisten. Vielmehr stellt sich im Kontext meiner Arbeit die Frage, inwiefern eine Polarisierung konstruktivistischer und biologistischer Betrachtungsweisen für die von mir angestrebte Analyse von Nutzen ist. Beide gehen von einem Verständnis von Körper aus, das wenig hilfreich ist[35]. Der Körper ist jedoch gerade für die Analyse von Männlichkeitskonstruktionen in der Rock- und Popmusik von entscheidender Bedeutung[36].

Das Problem konstruktivistischer Ansätze besteht darin, daß der Körper als neutrale Oberfläche betrachtet wird, dem Bedeutungen erst durch gesellschaftliche Prozesse und Strukturen zugeschrieben werden. So rational der konstruktivistische Ansatz erscheint, so bleibt er konkret doch oft im Stadium der ideologischen Konstruiertheit stecken[37]. Um eine Arbeitsgrundlage in diesem Dilemma zu finden, möchte ich es für die folgende Analyse mit der Einschätzung von Connnell halten:

> The body [...] is inescapable in the construction of masculinity; but what is inescapable is not fixed.[38]

Gerade in der Populärkultur, wie sich nachfolgend zeigen wird, hat der Körper hohen Symbolcharakter. Der Körper ist der Ort, an dem Zuschreibungen festgemacht werden, insbesondere (aber nicht ausschließlich) Geschlechterzuschreibungen. Dort, wo die Sinnhaftigkeit der sozialen Strukturen

---

34 Vgl. Lindemann, "Begriffsehe", 13.

35 "Die konstruktivistische Analyse läßt dem Geschlecht noch weniger Körper, als nötig wäre, um wenigstens über ihn zu sprechen." Lindemann, "Begriffsehe", 13.

36 "True masculinity is almost always thought to proceed from men's bodies – to be inherent in a male body or to express something about a male body." Connell, *Masculinities*, 45.

37 "While the old humanist ideology maintains that underneath we're all the same, stripping the body (whether of clothes or meaning) still doesn't enable us to get to the heart of the matter. Ideologies of masculinity or femininity cannot simply be peeled back like a mask to reveal the 'naked truth' of the body. The whole point is that underneath there is quite simply nothing: no central core of identity or meaning. The idea of the body as natural and uncoded, while persistent, is a romantic and impossible fiction; and just as there are preferred meanings there are also preferred sexual identities. We're all marked: men or women." McGrath, Roberta. "Looking Hard – The Male Body under Patriarchy". *Behold the Man: The Male Nude in Photography*. Hg. Alasdair Foster. Edinburgh, 1988: 58.

38 Connell, *Masculinities*, 56.

verhandelt wird, geschieht dies häufig anhand der Repräsentation von Körpern:

> The male body is a very complex sign today; at times it is feminized and eroticized – for example in pop music and advertising – while there is also something desperate about its self-aggrandizement in the action cinema and sport. It seems likely that the male body is being used to describe semi-conscious shifts in gender, sexuality and power.[39]

Horrocks verweist hier auf die oben beschriebene Bedeutung von Performanz für das Entstehen und Verhandeln von Geschlechterrollen. Für meine Begriffe ist die Analyse von Performanz der Versuch, kulturelle Artikulationen erkennbar und hinterfragbar zu machen. Dadurch wird die Konstruiertheit von Identität offengelegt.

[39] Horrocks, *Male Myths and Icons*, 170.

1. Die kulturelle Konstruktion von Männlichkeit

An dieser Stelle ist es notwendig, zu klären, welche Definition von Männlichkeit den folgenden Kapiteln zugrunde liegt.

Männlichkeit ist eine Kategorie, die sich aus dem biologischen Geschlecht ableitet, ihre konkreten Inhalte jedoch durch kulturelle Zuschreibungen erhält. Daraus ergibt sich, daß Männlichkeit und ihre gesellschaftliche Repräsentation in verschiedenen kulturellen Kontexten sehr unterschiedliche Formen annehmen kann. Eine kritische Betrachtung legt nahe, daß die biologische Ausgangslage nur sehr begrenzt Einfluß auf die gesellschaftliche Umsetzung und ihre Repräsentation im kulturellen Bereich nimmt. Dennoch werden männliche (wie auch weibliche) Geschlechtsmerkmale mit sozialen Verhaltensweisen in einen kausalen Zusammenhang gesetzt. Diese in allen Gesellschaften relativ starre Verbindung zwischen biologischer Ausgangslage und sozialer Rollengestaltung, die nichtsdestotrotz, wie die Vielfalt existierender '*gender*'-Identitäten zeigt, keiner unausweichlichen Zwangsläufigkeit unterliegt, läßt sich nur dadurch erklären, daß durch gesellschaftliche Zuschreibungen strukturelle Fakten geschaffen werden[1]. Durch den Rückgriff auf die Biologie zur Erklärung sozialer Strukturen wird eine Zwangsläufigkeit kultureller Umstände konstruiert. Dieser Ansatz soll in dieser Arbeit vermieden werden. Vielmehr geht es darum, zu zeigen, wie die Struktur des Geschlechterverhältnisses in der kulturellen Praxis verhandelt wird.

In diesem Zusammenhang ist zu klären, welche Grundeigenschaften das moderne Bild von Männlichkeit in westlichen Kulturen prägen. Die bis in die heutige Zeit dominierenden Konstruktionen von '*gender*' haben ihre Wurzeln in der Zeit der Aufklärung. Die damals formulierten menschlichen Ideale galten in erster Linie für Männer. Die Herausbildung von Eigenschaften wie Individualität und Selbstbestimmung gehören zu den zentralen Elementen des modernen Menschenbildes und bilden so die Kernpunkte der Konstruktion von Männlichkeit, die sich in der Moderne auch stets als Gegenmodell zu Weiblichkeit definiert hat[2]. Zwar schließen moderne und aufklärerische Konzepte Frauen meist nicht explizit von dem Recht auf Umsetzung dieser Ziele aus, durch die Konstruktion einer Zweigliedrigkeit der Geschlechter und

---

1 "Gender is a way in which social practice is ordered. [...]. Gender is social practice that constantly refers to bodies and what bodies do, it is not social practice reduced to the body. Indeed reductionism presents the exact reverse of the real situation. Gender exists precisely to the extent that biology does *not* determine the social." Connell, *Masculinities,* 71.

2 Vgl. Connell, *Masculinities*, 189.

durch die soziale Aufgabenteilung wird dieser Ausschluß jedoch oft vorgegeben. Frauen wird soziale Kompetenz; Männern hingegen individualistische Stärke, Potential zur Selbstverwirklichung, und, daraus abgeleitet, auch Führungsqualität zugesprochen[3]. Aufgrund ihres konstruierten Charakters funktioniert diese Binarität auf symbolischer Repräsentationsebene eher als in der Realität (obgleich sich diese beiden Ebenen nicht klar voneinander abgrenzen lassen und in komplexer Wechselwirkung zueinander stehen).

Aus diesem Grund verlangt die oben beschriebene Konstruktion von Männlichkeit nach einer theoretischen Legitimation. Während 'weibliche' Zuschreibungen sich vielfach anhand sozialer Fakten (wie etwa der Eingebundenheit in eine Familienstruktur) rekonstruieren lassen und nicht unbedingt nach einem übergeordneten Konzept zu ihrer Legitimation verlangen, bewegen sich 'männliche' Attribute wie Autonomie und Selbstbestimmung auf einem abstrakten Terrain. Dieser Umstand ist meines Erachtens Grundlage für weitere, 'männlich' konnotierte Konstruktionen, wie etwa die Konstruktion von Authentizität[4], vom Ausleben einer 'Echtheit', einer inneren Essenz. Authentizität ist ein wichtiges Element bei der Konstruktion von Männlichkeit. Sie wird benutzt, um abstrakte Ideale als menschliches Bedürfnis, welches Umsetzung einfordert, zu postulieren. So dient das Konzept von Authentizität einer Naturalisierung sozialer Beziehungen, so wie auch Konstruktionen von '*gender*' einer Naturalisierung sozialer Beziehungen dienen. Dadurch ist Authentizität mit dem Konzept von Männlichkeit eng verbunden.

In diesem Zusammenhang soll ausgeführt werden, wie Authentizität in der kulturellen Produktion konstruiert wird. Die oben als charakteristisch beschriebenen Elemente von Männlichkeit, wie Autonomie und Selbstbestimmung, sind in konkreten gesellschaftlichen Verhältnissen nur sehr bedingt umsetzbar. Aus diesem Grund ist eine zumindest symbolische Umsetzung dieser Ideale in der kulturellen Repräsentation unerläßlich[5]. Diese

---

3 Vgl. Connell, *Masculinities*, 164.

4 'Authentizität' wird im Fremdwörterduden mit 'Echtheit, Zuverlässigkeit, Glaubwürdigkeit' übersetzt.

5 Was Hall über die Repräsentation von Ethnizität sagt, läßt sich meiner Ansicht nach auch auf die Repräsentation von '*gender*' übertragen: 'Meiner Ansicht nach haben Ereignisse, Verhältnisse, Strukturen ihre Existenzbedingungen und realen Effekte außerhalb der diskursiven Sphäre; aber nur innerhalb des Diskursiven und vorbehaltlich seiner spezifischen Umstände, Grenzen und Modalitäten, haben sie Bedeutung oder können innerhalb eines Bedeutungsrahmens konstruiert werden. Auch wenn wir den räumlichen Anspruch des Diskursiven nicht unbegrenzt erweitern wollen, spielen die Repräsentation von Sachen eine *konstituive* und keine bloß reflexive, erst nach dem

symbolische Umsetzung bedarf performativer Inszenierungen. Performanz ist deshalb ein zentraler Bestandteil jeder kulturellen Repräsentation von Identität.

Soziale Strukturen werden in der Kunst überspitzt dargestellt, um die Wirkung dieser Strukturen deutlich und damit auch verhandelbar zu machen[6]. Der Rückgriff auf Authentizität ist, wie oben beschrieben, ein Mittel, diese kulturellen Konstruktionen glaubwürdig und echt erscheinen zu lassen. Immer neue kulturelle Einflüsse verlangen danach, auf diese Weise integriert zu werden[7]. Dies und die kapitalistische Struktur der Kulturindustrie, die das Bedürfnis nach Abgrenzung von dieser kommerzialisierten Kultur schafft, fördern den Mythos von Authentizität[8]. Dieser Mythos ist, wie noch zu zeigen ist, ein zentraler Bestandteil der Rock- und Popkultur.

Wie in der Einleitung ausgeführt, gehen aktuelle '*gender*'-Theorien davon aus, daß '*gender*'-Identität durch Performanz geschaffen wird. Davon ausgehend soll im folgenden gezeigt werden, wie durch performative Rebellion Männlichkeit in der Rock- und Popmusik verhandelt wird. Rebellion ist eine vornehmlich jungen Männern zugeschriebene Verhaltensweise. Sie steht insofern in der Tradition 'männlicher' Kultur, daß diese die Suche nach einer individuellen Identität für wichtig erachtet. Andererseits richtet sich Rebellion gegen typische 'männliche' Verhaltensweisen, wie Verantwortung und Pflichtbewußtsein. Vor allem seit der zweiten Hälfte des 20. Jahrhunderts spielen Rebellion und die Suche nach einer eigenen Ausdrucksform, nach eigener Expressivität bei jungen Männern eine zentrale Rolle. Insofern steht Rebellion als identitätsstiftendes Konzept trotz der implizierten Abgrenzung von 'männlichen' Pflichten in der Tradition 'männlicher' Sinn- und Identitätssuche, deren zentrales Element schon immer die Erörterung des Verhältnisses von Individuum und sozialer Struktur war[9].

Ereignis auftretende Rolle." Hall, Stuart. *Rassismus und kulturelle Identität*. Hamburg, 1994: 17.

6 "The point is, as soon as performativity comes to rest on *a* performance, questions of embodiment, of social relations, of ideological interpellations, of emotional and political effects, all become discussable." Diamond, Elin. "Introduction". *Performance and Cultural Politics*. Hg. Elin Diamond. London: Routledge, 1996: 5.

7 Dies war nicht immer so: "[...] when people lived inside the culture they were brought up in and hadn't the opportunity to piece together bits from diverse cultures from all over history and the world, authenticity didn't arise." Sinfield, Alan. *Literature, Politics and Culture in Postwar Britain*. Berkeley und Los Angeles: University of California Press, 1989: 175.

8 Vgl. auch Sinfield, *Postwar Britain*, 176.

9 "The rebel reenacts the process of individuation in endless and diverse rites of severance, continually flees domesticity." Reynolds, Simons und Joy Press. *The Sex Revolts – Gender, Rebellion and Rock'n'Roll*. London: Serpent's Tail, 1995: 2.

In der Populär- und Jugendkultur werden Konstruktionen von Männlichkeit einer intensiven Reflexion unterworfen. Insbesondere in der Pop- und Rockmusik wird via Rebellion und Expressivität Identität und, wie zu zeigen ist, in besonderer Weise '*gender*'-Identität verhandelt. Im folgenden soll geklärt werden, inwiefern der Umgang mit '*gender*'-Konstruktionen das Innovationspotential von Jugend- und Subkulturen bestimmt. Daraus ergibt sich die Frage, wie mit dem Spannungsfeld umgegangen wird, das aus dem Wunsch erwächst, anders als die Elterngeneration zu sein, und der Realität, die eine Reproduktion gesellschaftlicher Strukturen in Jugend- und Subkulturen beinhaltet.

Im Unterkapitel 1.1. sollen deshalb die Begrifflichkeiten von Jugend-, Populär- und Subkultur in Relation zueinander gesetzt und die Bedeutung von Rebellion für diese Konzepte beschrieben werden. Danach sollen unter 1.2. die Besonderheiten der Konstruktionen von Männlichkeit in der britischen Arbeiterschicht und von Männlichkeit in der afroamerikanischen Bevölkerung erörtert werden.

1.1. Männlichkeiten in Populär-, Jugend- und Subkultur

Zunächst möchte ich Populär-, Jugend- und Subkulturen in Relation zueinander definieren, um zu einem besseren Verständnis der Überschneidungen und Unterschiede zu gelangen. Diese drei Begriffe haben sich durch die Entwicklung der letzten Jahrzehnte in ihrer Bedeutung etwas verschoben. Subkulturen stehen abseits des gesellschaftlichen Mainstreams, sie existieren oft relativ abgekoppelt von oder in Opposition zur Dominanzkultur[10]. Dieser Position jedoch zwangsläufig einen politischen Anspruch oder ein gesellschaftliches Gegenkonzept zu unterstellen, wäre ein falscher Ansatz. Oft ist das Entstehen einer Subkultur in erster Linie auf die Ausgrenzung aus der Gesellschaft zurückzuführen, wie etwa bei der schwulen Subkultur. So Sinfield:

---

[10] "[…] the emergence of such groups [youth subcultures] has signalled in a spectacular fashion the breakdown of consensus in the post-war period." Hebdige, *Meaning of Style*, 17. Zum Verhältnis von Subkulturen zur Dominanzkultur siehe auch: "[Subkulturen] müssen um gewisse Aktivitäten und Werte, um gewisse Formen des Gebrauchs von materiellen Artefakten, territorialen Räumen usw. zentriert sein, welche sie signifikant von der umfassenden Kultur unterscheiden. Da sie aber Subsysteme sind, muß es auch signifikante Dinge geben, die sie mit der Stammkultur verbinden und verknüpfen." Clarke, John [u.a.]. 'Subkulturen, Kulturen und Klasse". *Jugendkultur als Widerstand – Milieus, Rituale, Provokationen*. (dt. Übersetzung von Thomas Lindquist und Susi Büttel). Hg. Axel Honneth, Rolf Lindner und Rainer Paris. Frankfurt a.M.: Syndikat, 46.

> Subcultures are not founded always, or even in particularly, in opposition and resistance; more mundanely, they are *ways of coping.*[11]

Als Populärkultur hingegen ist die Kultur zu bezeichnen, über die sich viele Menschen definieren[12]. Trotz des unterschiedlichen kulturellen Spektrums, was von Sub- und was von Populärkultur abgedeckt wird, wäre es verkehrt, hier einen sich ausschließenden Gegensatz zu konstruieren. Auch Subkulturen greifen zur Kommunikation auf etablierte Zeichencodes aus der Populärkultur zurück und bringen ihrerseits neue Elemente in die Populärkultur ein, wenn auch meist in leicht modifizierter Form. Jugendkultur steht im Verhältnis von Sub- zu Populärkultur an einer interessanten Schnittstelle. Einerseits ist die Abgrenzung zu dem, was als Mainstream verstanden wird, ein wichtiges Element vieler Jugendkulturen, stilistische Anleihen bei Minderheiten, wie etwa der schwulen Subkultur[13], sind offener, als dies in vielen anderen Bereichen der Populärkultur der Fall ist. Andererseits erlangen Jugendbewegungen oftmals eine große Breitenwirkung und werden schnell in den etablierten Kanon der Populärkultur inkorporiert. So funktionieren sie als Medium, mit dem Elemente aus Subkulturen in die Populärkultur transportiert werden.

Der postmoderne Diskurs hat zur teilweisen Auflösung dieser Abgrenzungen zwischen Sub- und Populärkultur beigetragen. Subkulturen werden als Ausdruck von Pluralismus und somit als Bestandteil und nicht unbedingt als Gegenüber der Dominanzkultur verstanden:

> Die Postmoderne hingegen empfindet die Pluralität nicht als auferlegtes Schicksal, dem man ins 'ernste Antlitz' blicken muß, sondern erfährt sie als Befreiung und Chance, die es zu entwickeln gilt.[14]

In den Jugendbewegungen der 50er und 60er Jahre war die Grenzziehung zwischen Jugend-, Sub- und Populärkultur klarer, weil Jugendkultur ein neues Phänomen war, das in deutlicher Abgrenzung zum gesellschaftlichen Konsens

---

11 Sinfield, *Postwar Britain,* 153. Sinfield weist darauf hin, daß Subkulturen selten einer kohärenten Ideologie entspringen: "They help groups who are ill at ease in the dominant culture to manage the diverse, often contradictory, histories and demands that they experience. We notice subcultures most when they disconcert the system, but even then the element of resistance is often incoherent or implicit." (a.a.O.)

12 Vgl. Fiske, John. 'Popular Culture". *Critical Terms for Literary Study.* Hg. Frank Lentricchia und Thomas McLaughlin. Chicago und London: The University of Chicago Press, 1995: 322-324.

13 So finden sich deutliche Elemente schwuler Subkultur in vielen musikorientierten Subkulturen, so etwa im Glamrock, der sich offen bisexuell und androgyn gibt, sowie in den homosozialen Strukturen der narzißtischen Modkultur oder in Teilen der Ravekultur wieder.

14 Welsch, Wolfgang. *Unsere Moderne Postmoderne.* 4. Auflage. Berlin: Akademie Verlag, 1994: 190.

begriffen und so als Bedrohung wahrgenommen wurde. Das hängt wohl auch damit zusammen, daß ihr ökonomisches Potential noch nicht so offensichtlich war wie heute. Darüber hinaus war Jugendkultur damals schichtenspezifischer. Heute sind die verschiedenen kulturellen Repräsentationsfelder stärker denn je miteinander verwoben, die Grenzziehung zwischen anerkannter Kultur und off-Kultur ist weniger deutlich. Nichtsdestotrotz werden unkonventionelle Selbstdarstellungen in jugendlichen Subkulturen oft als Indikator für sozialen Wandel begriffen. Diese Perspektive liegt auch dieser Arbeit zugrunde.

Wie oben ausgeführt, spielt Rebellion für die Konstruktion einer 'männlichen' Identität in der Rock- und Popkultur eine wichtige Rolle. Vor diesem Hintergrund ist die Bedeutung, die rebellische Expressivität für die Selbstpositionierung junger Männer spielt, zu klären. Rebellion als jugendliches Phänomen hat eine individual- wie auch eine gesellschaftspsychologische Ebene. Auf die individualpsychologische Ebene soll hier nicht weiter eingegangen werden, da sie für eine kulturwissenschaftliche Untersuchung von begrenzter Relevanz ist[15]. Dagegen dient jugendliche Rebellion auf der sozialen Ebene und in der kulturellen Repräsentation der Abgrenzung gegenüber anderen Gruppen und der Stammkultur. Sie verschafft so eine Identität jenseits der Konvention. Der rebellische Gestus ist oft bei Gruppen, die von der Gesellschaft als Außenseiter begriffen werden, entliehen. Eine wichtige Inspirationsquelle für rebellische Jugendkulturen war beispielsweise die Expressivität der afroamerikanischen[16] oder auch der afrobritischen Bevölkerung. So wurden viele afroamerikanische Ausdrucksformen von 'weißen' Sub- und Jugendkulturen adaptiert:

> Der Hip-Ethik ging es nicht um rassische, sondern um kulturelle Konsequenzen, um die Behauptung eines besonderen Stils individualistischen Ausdrucks, der aus der schwarzen Kultur hervorging und sich über die Massenkonformität erhob.[17]

---

15 Hierzu verweise ich auf die psychoanalytischen Ausführungen bei Reynolds/ Press, *Sex Revolts*, 2f.

16 Vgl. auch Mailer, Norman. 'The White Negro". *Advertisements for Myself.* Cambrigde (Ma): Harvard University Press, 1992. Mailer befaßt sich mit dem Phänomen, wie weiße 'Hipster' sich afroamerikanische Traditionen aneignen, um sich als Außenseiter der 'weißen' Gesellschaft zu positionieren. Siehe auch: 'Die Attraktivität des afroamerikanischen Umgangs mit Sprache und anderen vorgefundenen Ausdrucksmitteln lag darin, daß sie sich mit urbohemistischen Strategien gut vertrug." Diedrichsen, Diedrich. *Freiheit macht arm – Das Leben nach Rock'n'Roll 1990-93*. Köln: Kiepenheuer & Witsch, 1993: 76.

17 Sidran, Ben. *Black Talk.* 1971 (dt. Übersetzung von Heinrich Keim. *Black Talk. Schwarze Kultur – die andere Kultur im weißen Amerika.* Hofheim: Wolke Verlag, 1993 (2. Auflage)): 121.

Für den britischen Kontext beschreibt Hebdige den Einfluß afrokaribischer Kultur auf 'weiße' Jugendkulturen[18]. Auch in diesem Zusammenhang wurde dem Konzept 'Authentizität' ein hoher Stellenwert beigemessen. Das Privileg dieser Aneignung und der oben beschriebenen Naturalisierung durch die Konstruktion von Authentizität blieb aber, von wenigen Ausnahmen abgesehen, ein männliches Privileg:

> [...] what rock authenticity means is not just freedom from commerce and opposition to all straight authority combined with deep vocational allegiance to the music, but being a free agent with ready access to the resources of femininity and Blackness yet no obligations to either women or Blacks.[19]

Authentizität ist ebenso wie Rebellion in dem Sinne, wie sie in Musik- und Jugendkulturen inszeniert wird, ein männliches Konzept, eine Vorausssetzung für '*realness*'. '*Realness*' ist ein emotional beladener Begriff, der die Verwurzelung in einer Szene, die als authentisch begriffen wird, betont. Für Frauen ist diese '*realness*', wie noch zu zeigen ist, schwerer zu erreichen[20], da sie vor allem im öffentlichen Raum, der Männern nach wie vor leichter zugänglich ist, ausagiert wird. So wird in der Rock- und Popkultur beispielsweise immer wieder auf die Bedeutung von '*street credibility*' verwiesen.

Rebellische Männlichkeit wird oft durch die Darstellung eines Mutter/ Sohn-Konfliktes konstruiert[21], aber auch durch eine Positionierung des individuellen Mannes zur Gesellschaft. Nicht nur in den USA, sondern auch in England gewann die Figur des Rebellen in den 1950er Jahren durch Filme wie Tony Richardsons *Look back in Anger* (basierend auf John Osbornes Theaterstück) an Einfluß[22], auch wenn sie nicht die kulturelle Bedeutung des amerikanischen Rebellen erreichte (der beispielsweise von James Dean, Marlon Brando oder Elvis Presley verkörpert wurde). Doch trotz der Abgrenzung gegenüber Frauen war der Rebell nicht nur misogyn. So lehnte er sich in der Formulierung seiner Ideale an bestimmte 'weibliche' Eigenschaften (z.B. Intuition, Naturverbundenheit) an. Folgende Analyse von Reynolds und

---

[18] Siehe auch Dick Hebdiges Analyse *Subcultures – The Meaning of Style*.

[19] Pfeil, *White* Guys, 79.

[20] "Female participation in youth cultures can best be understood by moving away from the 'classic' subcultural terrain marked out as oppositional and creative by numerous sociologists. Girls negotiate a different leisure space and different personal spaces from those inhabited by boys". McRobbie, Angela und Jenny Garber. "Girls and Subcultures". *Feminism and Youth Culture – From 'Jackie' to 'Just Seventeen'*. Hg. Angela McRobbie. Basingstoke: Macmillan, 1991: 14.

[21] "The rebel discourse of the '50s is haunted by the figure of the matriarch as the chief organiser of conformism and mediocrity." Reynolds/ Press, *Sex Revolts*, 7.

[22] "In Britain, aggressive male sexuality was used to signal rejection of the 'feminine' authority of home and marriage and, as with Movement and Angry writers, rejection of class privilege that was regarded as effete [...]." Sinfield, *Postwar Britain,* 171.

Press bringt die Ambivalenz des Rebellen in bezug auf Feminität gut zum Ausdruck:

> So the rebel may simultaneously worship an abstract femininity (a home away from home) while ferociously despising and fearing real-life women. [...]. In the rebel imagination, women figure as both victims and agents of castrating conformity. Women represent everything the rebel is not (passivity, inhibition) and everything that threatens to shackle him (domesticity, social norms).[23]

Der Rebell ist auf der Suche nach Individualität und Identität in einer sich, für seine Begriffe, zunehmend kommerzialisierenden und homogenisierenden Gesellschaft. Auch die Kultur unterliegt dem ökonomischen Mechanismus der Homogenisierung. Nur im Rahmen einer kleinen, exklusiven Gruppe, seiner Subkultur, kann er er selbst sein[24]. Vor diesem Hintergrund möchte ich auf das Paradoxon verweisen, daß auch jene Subkulturen, die sich gegen eine Kommerzialisierung der von ihrer Subkultur transportierten Inhalte verwahren, nichtsdestotrotz zwangsläufig auf einen durchgängigen Stil, der ja eine Vergegenständlichung ihrer Position beinhaltet, zurückgreifen müssen, um sich überhaupt als Gruppe formieren zu können – was man sich an dem Beispiel, daß eine Hose, die auf eine bestimmte Lebenseinstellung verweist, käuflich ist, vergegenwärtigen kann:

> Even for those who would challenge the substantial issues of life in a consumer culture, style has become an essential, inescapable instrument of cultural and political chance.[25]

Die Pop- und Rockkultur machte Stil zum Mittel individuellen Ausdrucks für die Jugend. Insbesondere für Männer war der bewußte Umgang mit Mode neu. Unter der Fragestellung, welche Inhalte über den gewählten Stil transportiert werden, werde ich zwei der wesentlichsten musikalischen Innovationen in der Pop- und Rockmusik, Punk und Rap, betrachten. Zunächst möchte ich jedoch auf den sozialen und kulturellen Hintergrund dieser Genres eingehen.

---

23 Reynolds/ Press, *Sex Revolts*, 3.

24 Männlichkeit und Populärkultur befinden sich in einem interessanten Spannungsfeld, weil Populärkultur oftmals mit weiblichen Attributen belegt und so als Gegenüber von Männlichkeit verstanden wurde. "The negative association of femininity and popular culture has a long history." Reynolds/ Press, *Sex Revolts*, 7. Auch Huyssen beschäftigt sich mit den weiblichen Konnotationen, die Massenkultur lange hatte: "The fear of the masses in this age of declining liberalism is always also a fear of woman, of nature out of control, a fear of the unconscious, of sexuality, of loss of identity and stable ego boundaries in the mass." Huyssen, Andreas. *After The Great Divide – Modernism, Mass Culture, Postmodernism*. Basingstoke: Macmillan, 1986: 52.

25 Ewen, Stuart. "Marketing Dreams. The Political Elements of Style". *Consumption, Identity and Style – Marketing, Meanings and the Packaging of Pleasure*. Hg. Alan Tomlinson. London und New York: Routledge, 1990: 47.

1.2. Aspekte afroamerikanischer und britischer *'working-class'*-Männlichkeit

Meiner Ansicht nach ist es notwendig, darauf zu verweisen, daß eine 'weiße' ethnische Identität genauso wie eine 'schwarze' Identität eine gesellschaftliche Konstruktion ist, die aber lange Zeit nicht als solche wahrgenommen wurde. 'Weiße' Identität wurde als der Normalfall verstanden, gegen den die 'schwarze' Kultur als Abweichung definiert wird.

Deshalb möchte ich an dieser Stelle nicht nur auf die Besonderheiten der Stellung schwarzer Männer in der US-amerikanischen Gesellschaft, sondern auch auf die Besonderheiten der britischen *'working-class'*-Identität eingehen, und so einer Naturalisierung 'weißer' Identitäten als 'natürlichen' Identitäten entgegentreten.

Bei der englischen Arbeiterschicht handelt es sich um eine traditionell relativ homogene Gruppe mit einer starken Identität[26]. Diese Identität wurde in der Nachkriegszeit durch den Niedergang wichtiger Industriezweige, wie Bergbau und Metallindustrie, und die Zuwanderung aus ehemals britischen Kolonien in ihrer relativ geschlossenen Struktur erschüttert. Durch diese Entwicklungen und weitere gesellschaftliche Veränderungen kam es zu einer Erosion der kulturellen Identität sowie auch der ökonomischen Grundlage der Arbeiterschicht, die in ihrer Konsequenz teilweise mit dem Entstehen der US-amerikanischen *'underclass'* vergleichbar ist[27].

Klasse ist das zentrale Strukturmerkmal der britischen Gesellschaft (im Unterschied zu den USA oder vielen anderen europäischen Ländern)[28], dessen Bedeutung in der Vergangenheit noch größer war. Dies schlägt sich sowohl im Diskurs über die Gesellschaft als auch in ihrer ökonomischen und kulturellen Struktur nieder. Die Kultur der Arbeiterschicht ist eine öffentliche Kultur, die sich in Pubs, Sport- oder Musikvereinen artikuliert[29]. Hier sind es vor allem Männer, die diese öffentlichen Kultur prägen.

Trotz dieser relativ geschlossenen Kultur kann nicht von einem dominierenden Männlichkeitsmodell in der britischen *'working class'*

---

[26] "Am anderen Ende der Hierarchie hat Großbritannien die älteste, traditionalistischste und selbstbewußteste Arbeiterklasse der Welt." Marvick, Arthur. 'Mentalitätsstrukturen und soziokulturelle Verhaltensmuster". *Länderbericht Großbritannien.* Hg. Hans Kastendiek [u.a.]. Bonn: Landeszentrale für politische Bildung, 1994: 115.

[27] Vgl. Harvie, Christoph. 'Kultur und Gesellschaft". *Länderbericht Großbritannien.* Hg. Hans Kastendiek [u.a.]. Bonn: Landeszentrale für politische Bildung, 1994: 480.

[28] 'Klassenunterschiede existieren in allen ausdifferenzierten Gesellschaften. In Großbritannien haben sie jedoch notorische Formen angenommen [...]." Marwick, 'Mentalitätsstrukturen und soziokulturelle Verhaltensmuster", 114.

[29] Vgl. Harvie, "Kultur und Gesellschaft", 480.

gesprochen werden[30]. Für den Kontext dieser Arbeit sind vor allem die Identitäten junger Arbeiter, die sich in Opposition zur Dominanzkultur befinden, relevant, da sie für die Formierung der hier untersuchten Sub- und Jugendkulturen besonders wichtig sind. Männlichkeit in dieser Schicht wird vor allem an der Fähigkeit, körperlich zu arbeiten, gemessen. Besonders unter jugendlichen Arbeitern geht dies oft mit einer Bildungsfeindlichkeit einher. Geistige Arbeit, z.B. in der Schule, wird als Anpassung an gesellschaftliche Strukturen bewertet[31]. Auch die Gruppenhierarchie wird meist körperlich festgelegt[32]. Das Geschlechterverhältnis ist relativ konventionell strukturiert, Frauen werden sozial und emotional als außerhalb der eigenen Sphäre stehend angesiedelt[33].

Das Image der britischen männlichen '*working-class*' in der Öffentlichkeit und in den Medien ist zwiespältig. Einerseits gibt es immer wieder Wellen moralischer Entrüstung, die sich vor allem gegen die Arbeiterjugend und deren Verhaltensmuster richten, andererseits wird die '*working class*'-Identität oft romantisiert. Dieser ambivalente Umgang mit dem Mythos der britischen Arbeiterschicht soll unter 1.2.2. näher beleuchtet werden.

Der Umgang der US-amerikanischen Öffentlichkeit mit der afroamerikanischen Kultur ist etwas weniger ambivalent. Im öffentlichen Diskurs werden Afroamerikaner vor allem dann thematisiert, wenn sie als Problemfälle wahrgenommen werden[34]. So gibt es Grundmuster, innerhalb derer afroamerikanische Männlichkeit verhandelt wird.

> The broader culture, too, conceives African-American society in terms of a perennial 'crisis' of black masculinity whose imagined solution is a proper affirmation of black male authority.[35]

---

[30] 'Difference between class and race settings is important to recognize, but it is not the only pattern of difference that has emerged. It has become increasingly clear that different masculinities are produced in the same cultural and institutional setting." Connell, *Masculinities*, 36.

[31] Vgl. Willis: "It is the school which has built up a certain resistance to mental work and an inclination towards manual work." 103. Willis, Paul. *Learning to Labour – How Working Class Kids Get Working Class Jobs*. Westmead: Saxon House, 1977: 73.

[32] 'Many important cultural values are expressed through fighting. Masculine hubris, dramatic display, the solidarity of the group, the importance of quick, clear and not over-moral thought, comes out time and time again." Willis, *Learning to Labour*, 34.

[33] 'There is a traditional conflict in their view of women; they are both sexual objects and domestic comforters. In essence this means whilst women must be sexually attractive, they cannot be sexually experienced." Willis, *Learning To Labour*, 43.

[34] So wird in den Medien die schwarze '*community*' oft im Zusammenhang mit Kriminalität und Armut repräsentiert.

[35] Harper, Phillip Brian. *Are We Not Men? Masculine Anxiety and the Problem of African-American Identity*. New York und Oxford: Oxford University Press, 1996: X.

AfroamerikanerInnen allgemein, und schwarze Männer insbesondere, werden von einer von Weißen dominierten amerikanischen Gesellschaft als Außenstehende wahrgenommen. Sie üben eine Faszination auf die Dominanzkultur aus. Diese Faszination verweist zwar auf ein Interesse, das aber gleichzeitig die Konstruktion des 'Anderen' impliziert und so den Ausschluß aus der Dominanzkultur festschreibt. '*Race*' funktioniert so als zentrales Strukturmerkmal der US-amerikanischen Gesellschaft[36].

Im Zusammenhang mit der Faszination und Konstruktion des 'Anderen' ist die Rolle, die Afroamerikaner in der amerikanischen Entertainmentindustrie spielen, interessant. Die getrennte Betrachtung von kultureller Repräsentation und sozialer Wirklichkeit ist problematisch, da diese beiden Aspekte gerade bei der afroamerikanischen Bevölkerung eng aneinander gekoppelt sind. Die Repräsentation strukturiert die Wahrnehmung der Dominanzkultur in einer Weise, die die konkreten Lebensumstände der afroamerikanischen Bevölkerung beeinflußt. Trotzdem soll die kulturelle Repräsentation der afroamerikanischen Identität der Übersichtlichkeit wegen unter 1.2.2. behandelt werden.

Sowohl das 'schwarze' als auch das 'weiße' Amerika stellt sich permanent die Frage nach der afroamerikanischen Position in der amerikanischen Gesellschaft. So wird jeder Versuch schwarzer Selbstpositionierung mit Interesse verfolgt und kontrovers diskutiert, wie am Beispiel von Rap noch zu zeigen ist. Festzuhalten ist, daß die Darstellung von schwarzen Männern, sowohl in Form von 'weißen' Zuschreibungen als auch in Form von Selbstreflexionen der afroamerikanischen '*community*', auf bestehende Diskurse über '*race*' Bezug nimmt und von den in diesem Zusammenhang existierenden Stereotypen strukturiert ist:

> Self-representations of black masculinity in the United States are historically structured by and against dominant (and dominating) discourses of masculinity and race, specifically whiteness.[37]

So wird die Identität von schwarzen Männern fortlaufend anhand von Fragestellungen wie: "Wie steht der schwarze Mann zur schwarzen Frau, zum weißen Mann, zur weißen Frau?" reflektiert. Trotz dieses starken öffentlichen Interesses an afroamerikanischer Identität wird im herrschenden Diskurs eine

---

[36] "In American history, racial dynamics have been a traditional source both of conflict and division and of renewal and cultural awareness. Race has been a key determinant of mass movements, state policy, and even foreign policy in the United States." Omi, Michael und Howard Winant. *Racial Formation In The United States from the 1960s to the 1980s.* New York und London: Routledge & Kegan Paul, 1986: 138.

[37] Gray, Hermann. "Black Masculinity and Visual Culture". *Black Male – Representations of Masculinity in Contemporary American Art.* Hg. Thelma Golden. New York: Whitney Museum of American Art, 1994: 175.

komplexe und differenzierte Darstellung weitgehend ausgeblendet. Die hohe Präsenz von Afroamerikanern im Entertainmentbereich gewährleistet keine Vielschichtigkeit der dort repräsentierten Bilder[38].

Einflußreiche Positionen in Politik, Wirtschaft und Wissenschaft sind für Afroamerikaner nach wie vor die Ausnahme. Diese Benachteiligung hat Auswirkungen auf die ökonomischen Situation der schwarzen Bevölkerung[39].

Die Art und Weise, wie die schwarze Bevölkerung allgemein, und afroamerikanische Männer insbesondere, mit ihrer marginalisierten Position und den negativen Zuschreibungen der Dominanzkultur umgeht, ist historischen Veränderungen unterworfen. Das kulturelle Bewußtsein war in der Geschichte mit dem politischen Bewußtsein eng verknüpft. Dies kann an dem Konzept des '*New Negroes*' im Zusammenhang mit der Harlem Renaissance beobachtet werden, und spiegelt sich auch in der '*Black Power*'-Bewegung der 1960er Jahre wieder, die mit zunehmender Radikalität in ästhetischer wie politischer Hinsicht auf die Stagnation der Bürgerrechtsbewegung reagierte[40]. Die politische Ausdifferenzierung in den 1980er und 90er Jahren geht einher mit einer wachsenden Vielfalt von Repräsentationsstrategien. Wie eng politisches und kulturelles Bewußtsein in der afroamerikanischen '*community*' miteinander verbunden sind, zeigt sich etwa daran, wie intensiv und kontrovers die Auseinandersetzung über Rap von afroamerikanischen Intellektuellen geführt wird[41].

Durch die oben skizzierte, marginalisierte Stellung der Afroamerikaner in der US-Gesellschaft ist die afroamerikanische Kultur gezwungen, mit einer Art gespaltenem Bewußtsein, einem '*double consciousness*' zu leben. Dieses '*double consciousness*' reflektiert die Notwendigkeit, zu einer Sprache zu finden, mit der man sowohl nach außen (im Dialog mit der Dominanzkultur) als auch nach innen (innerhalb der afroamerikanischen '*community*') verstanden wird und die dennoch auf beiden Ebenen etwas Unterschiedliches kommuniziert. So wird beispielsweise in der afroamerikanischen Kultur die

---

38 "Die Bilder, die wir hier von Schwarzen am ehesten zu sehen bekommen, untermauern die Vorherrschaft der Weißen und schreiben sie fort." hooks, bell. *Black Looks*. Boston: South End Press, 1992 (dt. Übersetzung von Karin Meißenburg. *Black looks: Popkultur – Medien – Rassismus*. Berlin: Orlanda Frauenverlag, 1994): 9.

39 Vgl. Von der Ohe, Werner. "Armut". *Länderbericht USA*. Band 2. Hg. Willi Paul Adams [u.a.]. Bonn: Landeszentrale für politische Bildung, 1992: 309.

40 Vgl. Raeithel, Gerd. *Geschichte der nordamerikanischen Kultur – Vom New Deal bis zur Gegenwart. 1930-1995*. Band 3. Frankfurt a.M.: Zweitausendeins, 1995: 358-362.

41 So gibt es kaum einen afroamerikanischen Intellektuellen, der sich nicht zu Rap geäußert hat. Siehe auch Henry Louis Gates jrs. Engagement als '*expert witness*' im Prozeß gegen die Rapformationen '2 Live Crew' aufgrund obszöner Texte. Beschrieben bei Baker jr., Houston A. *Black Studies, Rap And The Academy*. Chicago und London: The University of Chicago Press, 1993: 66f.

Imitation und Zuspitzung gesellschaftlich dominanter Werte oft subversiv eingesetzt. Was sich nach außen als Bestätigung bestehender Werte präsentiert, ist nach innen als Kritik an diesen intendiert. Auch in der Verwendung von Sprache in der afroamerikanischen Kultur findet sich diese Doppeldeutigkeit wieder. Der kompetente Umgang mit Sprache ist als Ausdruck von Selbstwert für schwarze Männer sehr wichtig[42]. Diese expressive Tradition ist ein zentrales Element afroamerikanischer Identität:

> Historically, Black people have used humor, shucking and jiving, 'playing the dozens' and 'inversion' as ways to 'play it cool'. The postures and poses convey power and control, alleviate anxiety, give the impression that one is suave and charming, make white people uncertain about their intentions, entertain, display pride, express anger, and hide real feelings and emotions. [43]

Diese Verhaltensweise, die Majors zusammen mit anderen Strategien der Selbstdarstellung als '*cool pose*' bezeichnet, hat positive und negative Auswirkungen. Einerseits geben diese dramaturgischen Rollen einen emotionalen Schutz in einem ablehnenden Umfeld. Andererseits haben sie oft eine '*compulsive masculinity*'[44] zur Folge, weil 'kulturelles Kapital'[45] in Form von Performanz einen so hohen Eigenwert erhält, daß eine Abkehr von diesen Verhaltensmustern identitätsgefährdend wird. Natürlich sind die Chancen und Probleme einer solchen '*cool pose*' nicht nur auf afroamerikanische Männer beschränkt, sondern treten in verschiedenen sozialen Kontexten auf. Sie sind

---

[42] 'Performance was the obverse of black invisibility in a society of white privilege." Ross, Andrew. 'The Gangsta and the Diva". *Black Male – Representations of Masculinity in Contemporary American Art*. Hg. Thelma Golden. New York: Whitney Museum of Modern Art, 1994: 161-2.

[43] Majors, Richard [u.a.]. 'Cool Pose: A Symbolic Mechanism for Masculine Role Enactment and Coping by Black Males". *The American Black Male – His Present Status and His Future*. Hg. Richard G. Majors und Jacob U. Gordon. Chicago: Nelson-Hall Publishers, 1994: 248.

[44] Vgl. auch: 'This view […] suggests that lower-class black men frequently adopt a compulsive masculinity alternative in order to mitigate low self-esteem and negative feelings that emerge from their inabilities to enact traditional masculine roles." Franklin II, Clyde W. 'Surviving the Institutional Decimation of Black Males: Causes, Consequences, and Intervention". *The Making of Masculinities – The New Men's Studies*. Hg. Harry Brod. Boston: Allen & Unwin, 1987: 157. Siehe auch Majors [u.a.]: 'This masculine behavior overtly emphasizes values and norms that portray or demonstrate toughness, sexual promiscuity, manipulation, thrill-seeking and a willing use of violence to resolve interpersonal conflicts." Majors [u.a.] 'Symbolic Mechanisms", 249. Vgl. Majors, Richard G. I. und Janet Mancini Billson. *Cool Pose – The Dilemmas of Black Manhood in America*. New York: Lexington Books, 1992: 29.

[45] Den Begriff 'kulturelles Kapitel' benutze ich hier, wie ihn Pierre Bourdieu in *Die feinen Unterschiede: Kritik der gesellschaftlichen Urteilskraft* (Frankfurt a.M.: Suhrkamp, 1987) benutzt, nicht nur als Unterscheidungsmoment für verschiedene Klassen, sondern für Jugend- und Subkulturen, die nichtsdestotrotz in gewissem Maße mit ökonomischen Schichten korrespondieren.

jedoch besonders in ökonomisch und sozial unterprivilegierten Schichten für die männliche Identität von Bedeutung. So ist diese '*cool pose*' auch in Teilen der britischen Arbeiterschicht anzutreffen. Männlichkeit wird hier in erster Linie über körperliche Präsenz, Stärke und einen eigenen, in einer Subkultur verankerten Stil transportiert[46].

Die angesprochenen Verhaltensweisen illustrieren eine Form der Verarbeitung von Rollenstereotypen. Die performative Expressivität in der afroamerikanischen Kultur ist eine Strategie, mit zugeschriebenen Rollen umzugehen, sie neu zu definieren oder ihnen Ambivalenz zu verleihen. Nichtsdestotrotz stellen sie gleichzeitig eine Erfüllung der Erwartungen der Dominanzkultur dar:

> Whether underplayed or overplayed, these theatrical versions of black masculinity are as much methods of deflecting or neutralizing white disapproval as modes of expressing black traditions. Of course, white culture has always compelled black males to be performative in public, usually as entertainers or as athletes.[47]

Wie in den meisten kulturellen Interaktionen ist der subjektive Umgang mit vorgegebenen Strukturen weder als reine Unterwerfung noch als strikte Opposition diesen gegenüber zu verstehen, sondern als Verhandlung verschiedener Positionen.

1.2.1. Exkurs: Die '*gender*'- Diskussion in der afroamerikanischen '*community*'

Die Art der feministischen Diskussion, die vorwiegend weiße Frauen in den 1970er und 80er Jahren führten, wurde von Frauen anderer ethnischer Herkunft oft kritisiert. So seien die in der feministischen Diskussion entworfenen Modelle nur sehr begrenzt universell anwendbar. Die afroamerikanische Feministin bell hooks formuliert folgende Kritik:

> Unfortunately, racism and class elitism among women has frequently led to the suppression and distortion of this connection so that it is now necessary for feminist thinkers to critique and revise much feminist theory and the direction of feminist movements. This effort at revision is perhaps most evident in the current widespread acknowledgment that sexism, racism, and class exploitation constitute interlocking systems of domination – that sex, race, and class, and not sex alone, determine the nature of any female's identity, status, and

---

46 Vgl. Willis, *Learning To Labour,* 17.

47 Ross, "Gangsta–Diva", 162.

circumstance, the degree to which she will or will not be dominated, the extent to which she will have the power to dominate.[48]

Aufgrund der afroamerikanischen Geschichte, die bis heute von rassistischer Unterdrückung geprägt ist, befinden sich afroamerikanische Feministinnen in vielen Punkten in einem doppelten Dilemma im Hinblick auf das Bilden von Koalitionen. Verbindet sie mehr mit Frauen oder mit afroamerikanischen Männern? Stoßen sie eher an Schranken aufgrund ihrer strukturellen Benachteiligung als Frau oder aufgrund ihrer ethnischen Herkunft?

Im Zusammenhang mit diesen Fragestellungen wird ein feministisches Engagement schwarzer Frauen von der afroamerikanischen '*community*' oftmals kritisch bewertet. Ihre Kritik an afroamerikanischen Männern wird häufig als Verrat verstanden. Dieser Konflikt spiegelt sich auch in den Auseinandersetzungen innerhalb der Hiphopkultur wieder.

> Viele Rapperinnen befürchten, wie die 'schwarzen' Feministinnen als Verräterinnen an der Black Community abgeurteilt zu werden. [...]. Ihre Kritik an den Verhaltensweisen afroamerikanischer Männer werde vom weißen Feind mitgehört und bestätige dort die rassistischen Bilder vom 'black male' als triebstarkem Tier.[49]

Diese Situation führt zu einer 'split loyality' bei vielen schwarzen Feministinnen. Michelle Wallace' Position zu den frauenfeindlichen Tendenzen im Rap ist hierfür symptomatisch:

> Like many black feminists, I look on sexism in rap as a necessary evil.[50]

Hinzu kommt, daß afroamerikanische Frauen im dominanten Diskurs als Ursprung vieler Probleme in der afroamerikanischen '*community*' betrachtet werden[51]. Dies versetzt afroamerikanische Frauen in eine schwierige Position, die in keinem Diskurs, weder in dem über Rassismus noch in dem über Sexismus, aufgefangen wird:

---

48 hooks, bell. *Talking Back – Thinking Feminist, Thinking Black.* Boston (Ma): South End Press, 1989: 22.

49 Jacob, Günter. *Agit-Pop – Schwarze Musik und weiße Hörer.* Berlin: Edition ID-Archiv, 1993: 130.

50 Wallace, "Feminism Faces The Music", 20.

51 'Historical as well as present discourses about the Black community define Black women as emasculators of Black men who then become ineffective and irresponsible." Ebron, Paulla. 'Rapping Between Men: Performing Gender". *Radical America.* Vol. 23 No. 4 (1989): 26.

> Es gibt einfach keinen theoretischen Diskurs [...], keine Sprache, die den Standort von farbigen Frauen in der US-amerikanischen Gesellschaft analytisch beschreiben und reflektieren würde.[52]

Dieses Manko wirkt sich hemmend auf die '*gender*'-Diskussion in der schwarzen '*community*' aus. Analog dazu verläuft auch der Diskurs über afroamerikanische Männlichkeit relativ eindimensional und folgt oftmals einer essentialistischen Logik, durch die Konstruktionen schwarzer Männlichkeit eher gefestigt als hinterfragt werden[53].

Da viele Rapbands von einer nationalistischen oder '*black muslim*'-Perspektive aus argumentieren, ist es notwendig, an dieser Stelle die Geschlechterkonstruktion in der nationalistischen Theorie anzusprechen. White bezeichnet schwarzen Nationalismus, der sich aus dem Afrozentrismus ableitet, als eine Strategie "that both counters racism and constructs conservative utopian images of African-American life"[54]. Viele Ansätze in der afrozentrischen Theorie gehen davon aus, daß sich die Geschlechter komplementär zueinander verhalten[55] und daß ihnen eine natürliche Essenz zugrunde liegt, die Männer und Frauen entlang klar definierter Linien unterscheidet.

Diese konservative Einstellung zum Geschlechterverhältnis ist im Kontext der Angriffe aus der 'weißen' Gesellschaft, denen die afroamerikanische Familien- und Sozialstruktur immer wieder ausgesetzt war, zu verstehen[56]. Auch Klischeevorstellungen über die schwarze Sexualität trugen zum Erstarken nationalistischer und konservativer Modelle bei, die den Projektionen der Dominanzkultur ein eigenes Verständnis entgegensetzen wollten. Daß sie sich dabei trotzdem auch an den Werten der 'weißen' Gesellschaft orientierten, ist ein Verweis darauf, daß gerade nationalistische und ethnozentristische Ansätze durch eine innere Logik mit der Struktur, von der sie sich abgrenzen wollen, verbunden sind.

Teilweise wird offene Homophobie in der schwarzen Gesellschaft stärker artikuliert als in der weißen Bevölkerung. Dies hängt vermutlich mit der nationalistischen Tradition und ihren konservativen Ansätzen in bezug auf

---

52 Wallace, Michelle. "Variationen über Negation – Das Häretische an schwarzer feministischer Kreativität". (dt. Übersetzung von Bettina Seifried). *Yo! Hermeneutics. Schwarze Kulturkritik – Pop, Medien, Feminismus*. Hg. Diedrich Diedrichsen. Berlin: Edition ID-Archiv, 1992: 112.

53 Vgl. Harper. *Are We Not Men?*, IX.

54 White, E. Frances. "Africa on My Mind: Gender, Discourse and African American Nationalism." *Journal of Women's History*. Vol. 2 No. 1: 73.

55 Vgl. White, E.F., "Africa On My Mind", 86.

56 Einer dieser Angriffe war z.B. der Moynihan Report, der die schwarze Familienstruktur für die Zustände in der afroamerikanischen Bevölkerung verantwortlich machte. Vgl. auch Harper, *Are We Not Men?*, X.

Familie und Geschlechteridentität zusammen[57]. Zu der '*gender*'-Konstruktion, die durch Homosexualität in Frage gestellt wird, kommt im afroamerikanischen Kontext das Hinterfragen der '*race*'-Identität. Homosexualität wird hier oftmals als Verrat an der 'Rasse' und an den Idealen afroamerikanischer Männlichkeit verstanden[58]. Darüber hinaus mag diese Homophobie damit zusammenhängen, daß andere Bürgerrechtsbewegungen, wie etwa die Frauen- oder die Schwulenbewegung, deutlichere Erfolge als die schwarze Bürgerrechtsbewegung erzielt haben. Homosexualität wird so oft als zweitrangige Identität, die der ethnischen Identität unterzuordnen ist, wahrgenommen[59]. Zusammenfassend läßt sich sagen, daß sexuelle Identität in der nationalistischen Ideologie der ethnischen Identität untergeordnet wird, weil sie klare Grenzziehungen eher subvertiert als unterstützt. So Potter:

> [...] sexuality complicates the race/ class dichotomy, ultimately working to blur such categories in direct opposition to old-line black nationalist insistences on race and hetero masculinity as linked essences.[60]

Neben den beschriebenen Faktoren, die eine offene Auseinandersetzung über '*gender*'-Identität und -Konstruktion in der afroamerikanischen Gesellschaft erschweren, gibt es eine Tradition in der afroamerikanischen '*community*', den Widerstand gegen Unterdrückung als 'männliche' Aufgabe zu verstehen:

> Because violence against the community is aimed at men, resistance by the community is also conceived as a masculine act.[61]

Dies führt dazu, daß der Kampf gegen rassistische Unterdrückung gegenüber dem Kampf gegen Sexismus als vorrangig betrachtet wird. Diese Konnotierung des Widerstands als 'männlich' verknüpft sich mit den

---

57 "That is not to say that the idealogues of black nationalism have any unique claim on homophobia. But it is almost an obsessive motif that runs through the major authors of the black aesthetic and the Black Power movements." Gates jr., Henry Louis. "The Black Man's Burden". *Black Popular Culture*. Hg. Gina Dent. Seattle: Bay Press, 1992: 79.

58 "To the extent that this process of homophobic identification reflects powerful cross-class hostilities, it is certainly not unique to African-American culture. Its imbrication with questions of racial identity, however, compounds its potency in the African-American context." Harper, *Are We Not Men?*, 11.

59 "Gayness, furthermore, is seen by some African-Americans as a second-order identity, layered on top of middle- or upper-class status. To be a gay boy is to be (or to aspire to be) a gay rich white boy; from this set of associations, gayness is constructed as a kind of leisure culture that black boys in their right mind shouldn't give a shit about." Potter, Russell A. *Spectacular Vernaculars – Hip-hop and the Politics of the Postmodern*. Albany: State University of New York Press, 1995: 98-9.

60 Potter, *Spectacular Vernaculars*, 100.

61 Ebron, "Performing Gender", 26.

beschriebenen konservativen Tendenzen und dem Versuch, auch aus der Marginalisierung heraus die heterosexuelle männliche Position zu stärken.

1.2.2. Kulturelle Repräsentation der britischen '*working-class*' und der afroamerikanischen Bevölkerung

Das folgende Kapitel beschäftigt sich mit der Frage, wie soziale Strukturen im kulturellen Bereich repräsentiert werden. Die zentrale Frage hierbei ist, was das Spezielle an der Repräsentation der britischen Arbeiterkultur (als Bezugspunkt für Punk) auf der einen Seite und der afroamerikanischen Kultur auf der anderen Seite (als Bezugspunkt für Rap) ist.

Die Kultur der britischen Arbeiterschicht spielt besonders in der Popmusik und in jüngster Vergangenheit auch im britischen Film eine wichtige Rolle. Stärker als in anderen kulturellen Bereichen ist eine vermeintliche oder tatsächliche Herkunft aus der Arbeiterschicht in der Pop- und Rockmusik wichtig. Sie verleiht Künstlern eine Ausgangsbasis, die Glaubwürdigkeit suggeriert. So ist die Pop- und Rockkultur mit der Kultur der Arbeiterjugend eng verbunden, auch wenn diese Verbindung stärker ideologisch als realökonomisch determiniert ist[62]. Die Fragmentierung und der Zerfall der britischen Arbeiterschicht werden in der Pop- und Rockmusik auf unterschiedliche Weise verarbeitet. Zum einen besteht eine nostalgische Haltung gegenüber der Zeit, in der es noch eine geschlossene britische Arbeiterschicht gab, wie sie sich gerade z.B. in bestimmten Spielarten des Britpop manifestiert[63]. Daneben gibt es Pop- und Rockmusik, die den Zusammenbruch dieser Kultur nicht mit Nostalgie beantwortet. Vielmehr ist diese Musik ein Versuch, heterogene, die ethnische Vielfalt Großbritanniens reflektierende Ausdrucksformen zu finden[64]. Neben diesem Ansatz gibt es einen sich in Ablehnung der Vergangenheit sowie Skepsis gegenüber der Zukunft artikulierenden Strang in der britischen Pop- und Rockmusik. Punk verkörpert diesen Ansatz am deutlichsten. Bemerkenswert hierbei ist, daß sich

---

62 Von einem ideologisch motivierten Mythos ist deshalb zu sprechen, weil fast die Hälfte aller Popmusiker der Mittelschicht entstammen, und in etwa ein Drittel aller Bandmitglieder, unabhängig von ihrer ursprünglichen Herkunft, eine Kunsthochschule besucht haben/ besuchen. Siehe auch die quantifizierende Auflistung bei Laing, Dave. *One Chord Wonders – Power and Meaning in Punk Rock.* Milton Keynes und Philadelphia: Open University Press, 1985: 121.

63 Siehe auch das Interview mit Jeremy Gilbert. 'Blick zurück in Moll". *die tageszeitung.* (12/13.7.1997): 10. Hier beschreibt der britische Universitätsdozent den Zusammenhang von 'New Labor', Britpop und der Sehnsucht nach der 'heilen' Welt der 1960er Jahre.

64 Diese Tendenz findet sich vor allem in der Tanzmusik der 80er/90er Jahre (House, Jungle, Drum & Bass), aber auch in Stilen wie dem Ska in den späten 70er und frühen 80er Jahren, der karibische und britische Einflüsse miteinander verband.

Punk in der Wahl seiner Ikonen an eine traditionelle weiße (Arbeiter)-Identität anlehnt, diese Identität gleichzeitig aber auch in Frage stellt[65].

Zusammenfassend ist zu sagen, daß die britische Arbeiterkultur keine so ambivalente Faszination auf die britische Gesamtkultur ausübt, wie beispielsweise die afroamerikanische Kultur auf die amerikanische Gesellschaft. Die Direktheit und Unverbogenheit, die der Arbeiterschicht, insbesondere den männlichen Arbeitern zugesprochen wird, erfährt in der kulturellen Repräsentation eine positive Bewertung. Das Phänomen des '*ladism*'[66], das mit dem Revival der britischen Pop- und Rockmusik in den letzten Jahren einherging, ist hierfür ein Indikator. Dieses positive Grundimage zieht darüber hinaus kaum gesellschaftliche Projektionen nach sich. Dies ist bei der Repräsentation der afroamerikanischen Bevölkerung anders.

Die Darstellung von AfroamerikanerInnen in der amerikanischen Kultur hat eine Tradition, die bis in die Zeit der Sklaverei zurückreicht. Schon in den '*minstrel shows*' des 19. Jahrhunderts war die Auseinandersetzung mit afroamerikanischer Körperlichkeit ein zentrales Element:

> Although it [the minstrel show] arose from a white obsession with black (male) bodies which underlies white racial dread to our day, it ruthlessly disavowed its fleshly investments through ridicule and racist lampoon.[67]

Diese Thematik dominiert bis heute durch die kulturelle Repräsentation afroamerikanischer Männer. So werden sie nach wie vor stark über ihre Körperlichkeit und Sexualität definiert.

> The black man historically has been perceived as the bearer of a bestial sexuality, as the savage 'walking phallus' that poses a constant threat to an idealized white womanhood and thus to the whole U.S. social order. To the extent that this is true, for white patriarchial institutions such as the

---

[65] Vgl. Hebdige, der den Begriff 'white ethnicity' im Zusammenhang mit Punk prägte: 'Punk claimed to speak for the neglected constituency of white lumpen youth, but it did so typically in the stilted language of glam and glitter rock – 'rendering' working classness metaphorically in chains and hollow cheeks, 'dirty' clothing (stained jackets, tarty see-through blouses) and rough and ready diction." Hebdige, Dick. *Subculture – The Meaning of Style*. London und New York: Routledge, 1979: 62. Siehe auch Gilroy, der auf die Zentralität britischer Ikonen für die Punksprache verweist: "The explosion of popular nationalism [in 1976] provided the punks with images of Britishness from which they could dissociate themselves and against which they could define their own alternative definitions of the nation." Gilroy, Paul. *There Ain't No Black in the Union Jack – The Cultural Politics of Race and Nation*. London: Hutchinson, 1987: 123.

[66] Hierbei handelt es sich um eine Gegenbewegung zu den kulturellen Tendenzen, die als politische Korrektheit bezeichnet werden. '*Ladism*' zelebriert unverstellte '*working-class*' Identität, Fußball, Alkohol und einen moderaten Sexismus und ist wohl eher als Medienprodukt denn als genuine Bewegung zu verstehen.

[67] Lott, Eric. *Love and Theft – Blackface Minstrelsy and The American Working Class*. New York und Oxford: Oxford University Press, 1993: 3.

> mainstream media to note the physical attractiveness of any black man is for them potentially to unleash the very beast that threatens their power.[68]

Bis heute erhalten geblieben ist die Faszination für den schwarzen Körper, doch der Umgang mit dieser Faszination gestaltet sich heute vielschichtiger. Die Repräsentationen schwarzer Männlichkeit sind komplexer geworden und wirken in verschiedene Richtungen. Die Grenzen der Verhandlung kultureller Repräsentation haben sich verschoben, sie sind jedoch nicht verschwunden:

> Like the jazz predecessors, contemporary expressions of black masculinity work symbolically in a number of directions at once: they challenge and disturb racial and class constructions of blackness; they also rewrite and reinscribe the patriarchal and heterosexual basis of masculine privilege (and domination) based on gender and sexuality.[69]

Nach Ross läßt sich die mediale Repräsentation junger Afroamerikaner anhand des Schemas 'Gangsta' vs. 'Diva' nachvollziehen. Der im Rap vorzufindenden Konstruktion des 'Gangstas' (die sich stark an herrschende Diskurse über junge schwarze Männer anlehnt) steht die der 'Diva', die beispielsweise in der Discokultur, aber auch in anderen Bereichen zu finden ist, gegenüber. So lehnt sich beispielsweise der Basketballspieler Dennis Rodman in seinen Inszenierungen an das Konzept der 'Diva' an. Ross beschreibt den Mechanismus und die sozialen Hintergründe der '*gangsta–diva*'-Konstruktion wie folgt:

> The first attitude is a reduced, deadpan burlesque of menace-to-society rap, the second a camp alchemist's transmutation of black female assertiveness into diva-rich parody. Being fierce, in the ghetto street or in the nightclub version, is a theatrical response to the phenomenal social pressure exerted upon black males in the waning years of the twentieth century. This is why the rise to prominence of the black drag queen ought to be linked (one could say, dialectically) with the much more widely debated emergence of the gangsta rapper as a dual symptom of the conditions that have made it commonplace to speak of young black men as an endangered species in our society.[70]

Während der 'Gangsta' sich auf eine strikt heterosexuelle Identität stützt[71], funktioniert die Konstruktion der Diva auf einer anderen Ebene. Hier werden heterosexuelle Konstruktionen von Männlichkeit subvertiert, gleichzeitig wird aber diese alternative Konstruktion von Männlichkeit oft parodiert und

---

68 Harper, *Are We Not Men?*, 9.

69 Gray, "Black Masculinity", 177.

70 Ross, "Gangsta – Diva", 159-160.

71 "But representations of the OG [Original Gangsta] (and self-representations of black male youth more generally) are also underwritten by definitions of manhood deeply dependent on traditional notions of heterosexuality, authenticity, and sexism." Gray, "Black Masculinity", 178.

lächerlich gemacht. So gibt es in der afroamerikanischen Kultur wenig 'ernsthafte' Alternativen zu einer heterosexuellen Identität. Alternativen werden meist ironisiert (wie bei Rodman) oder aufgrund von fehlender Authentizität gar nicht ernst genommen (wie etwa bei Michael Jackson). Die von Ross konstatierte 'fierceness' funktioniert bei dieser Konstruktion nur als Pose, nicht als Inhalt.

Bemerkenswert ist, daß der Einfluß der afroamerikanischen Bevölkerung trotz der Ausgrenzung aus der Dominanzkultur und der beschränkten Repräsentationsformen, die ihr von den Medien des kulturellen Mainstreams zugestanden werden, im Entertainmentbereich, insbesondere in der Musik sehr groß ist[72]. Die strukturelle Ausgrenzung aus Politik und Wirtschaft trägt dazu bei, daß AfroamerikanerInnen verstärkt in der Kulturindustrie arbeiten. So haben sie einen größeren kulturellen Einfluß, als es ihre Stellung in der Gesellschaft vermuten läßt:

> Und von diesem Element der Stärke [sich von dem Wertgefüge der westlichen Welt freizumachen] konnten von einem gewissen Zeitpunkt an alle Amerikaner profitieren, gleichgültig, welche Hautfarbe sie besaßen, wenn sie sich von denen der weißen Gesellschaft inhärenten Wertmaßstäben gelöst hatten. In den Genuß dieser Stärke gelangten sie einfach durch die Erfahrungen, die ihnen die schwarze Musik vermittelte.[73]

[72] "If anything, black style through hip hop has contributed to the continued Afro-Americanization of contemporaray commercial culture." Rose, *Black Noise*, 40.

[73] Sidran, *Black* Talk, 32.

2. Männlichkeit in der Pop- und Rockmusik

Nachfolgend soll kein Versuch unternommen werden, all die verschiedenen Modelle von Männlichkeit, die es in der Geschichte der Rock- und Popmusik gegeben hat, aufzulisten. Vielmehr soll der Frage nachgegangen werden, inwiefern bestimmte Formen der Geschlechterrepräsentationen für die Konstruktion von Identität in der Rock- und Popkultur relevant waren. Über die allgemeine Erkenntnis hinaus, daß '*gender*' eine Kategorie ist, die alle sozialen Beziehungen und deren kulturelle Repräsentationen strukturiert, wurden in der Rock- und Popmusik die Verhandlungen über Geschlechteridentität besonders vehement ausgetragen.

Ein Problem bei der kritischen Auseinandersetzung mit Rock- und Popmusik ist, daß die Analyse performativer Aspekte gegenüber der inhaltlichen Bedeutungssuche oft in den Hintergrund tritt. Selbst wenn Protagonisten von Jugendkulturen behaupten, keine Inszenierungen zu präsentieren, sondern politische und soziale Belange zu artikulieren, ist dieser Artikulation nichtsdestotrotz ein performatives Element immanent. Ein solcher Ansatz unterscheidet sich von einer offen inszenierten Präsentation vor allem dadurch, daß sie Anspruch auf Authentizität erhebt, nicht aber durch eine größere Nähe zur Realität[1].

Aufgrund der Performanz von Rock- und Popmusik und der konfrontativen, oft stark visualisierten Art, mit der Positionen hier dargestellt werden, ist '*gender*' als Kategorie, die durch Performanz geschaffen wird, für die Rock- und Popmusik von zentraler Bedeutung. Darüber hinaus ist Rock- und Popkultur ein guter Spiegel gesellschaftlicher Entwicklungen, ein sensibler Indikator kultureller Strömungen. Sowohl Macher als auch Rezipienten sind meist jung, es ist ein Bereich, in dem Grenzüberschreitung und expressive Selbstdarstellung nicht nur erlaubt, sondern sogar gefordert ist.

Darüber hinaus ist auch für den Diskurs über und die Rezeption von Rockmusik '*gender*' eine wichtige Kategorie. So wiederholte sich in der Rock- und Popmusik, trotz des oftmals artikulierten Anspruches, mit gesellschaftlichen Mustern zu brechen, ein ähnliches Schema, wie ich es hinsichtlich der '*gender*'-Struktur der Kultur im allgemeinen beschrieben habe. Die ernsthafte Rockmusik (wie etwa der Progressive Rock der 1970er Jahre, der sehr instrumenten- und damit technikorientiert war[2] oder auch Musik mit

---

1 Vgl. Ross, Andrew. "Introduction". *Microphone Fiends – Youth Music and Youth Culture*. Hg. Andrew Ross und Tricia Rose. New York und London: Routledge, 1994: 3.

2 Vgl. auch Chambers, *Urban Rhythms*, Kapitel 4.

politischen Inhalten) wurde als männlich, kommerzielle und 'seichte' Popmusik hingegen als 'weiblich' klassifiziert[3]. Hier ist z.B. der Teenypop, der in den letzten Jahren in Form des Boygroup-Formates[4] besondere Popularität erreichte, zu nennen. Das Muster dieser Aufteilung läßt sich sowohl bei der Produktion als auch der Rezeption von Pop- und Rockmusik beobachten. Insofern ist Rockmusik eine 'männlich' geprägte Form:

> Rock is indeed a technology of gender in that 'masculinity' is reinforced and multiplied in its many discursive spaces. [...]. Moreover, performative rock masculinity is inscribed by far more subtle and even insidious ways than egregiously sexist lyrical content or 'over-the-top' visual displays of masculinity associated with some rock performances.[5]

Wichtig ist hier die Beobachtung, daß '*gender*'-Identität in der Rockmusik sich nicht nur über sexistische Aussagen im eigentlichen Text manifestiert, sondern eben schon in der Struktur von Rockkultur angelegt ist. So fügt sich die Rock- und Popmusik, trotz ihres rebellischen, gesellschaftskritischen Anspruches in ihrem Umgang mit Geschlechterkonstruktion in die Tradition der kulturellen Repräsentation von '*gender*'. In der Kulturgeschichte wurde der Mainstream oft mit dem 'weiblichen', avantgardistische Strömungen dagegen mit dem 'männlichen' Prinzip gleichgesetzt[6]. In diesem Zusammenhang stellt sich die Frage:

> [...] warum die Moderne – Avantgarde oder Vanguard – immer als Gegenüber des Mainstreams definiert wurde, der als fügsam, gelehrig, passiv galt, also feminisiert war.[7]

---

3 "Ironically, such gender-based snobbery reappeared later *within* pop culture, in the form of the rock v. pop distinction. Here the correct response (male connoisseurship, discerning and discriminating) is opposed to degraded feminine fan-worship (superficial, hysterical, idolatrous, at once fickle and blindly loyal." Reynolds/ Press, *Sex Revolts,* 5. Vgl. auch Coates: "[...] rock is metonymic with 'authenticity' while 'pop' is metonymic with 'artifice'. Sliding even further down the metonymic slope, 'authentic' becomes 'masculine' while 'artificial' becomes 'feminine'. Rock, therefore is 'masculine', pop is 'feminine', and the two are set in a binary relation to each other, with the masculine, of course, on top." Coates, Norma. "(R)evolution now? Rock and the political potential of gender". *Sexing the Groove – 'Gender' and Popular Music.* Hg. Sheila Whitely. London und New York: Routledge, 1997: 52.

4 Formate wie die der Boygroup sind offen inauthentisch, weil unbestrittenermaßen konstruiert und der Anspruch auf Authentizität, den andere Formen von populärer Musik erheben, gar nicht artikuliert wird.

5 Coates, "(R)evolution Now", 52.

6 Siehe auch Kapitel 1, Fußnote 24.

7 Bunz, Mercedes. "You've got to ride with the storm, always – Interview mit Dick Hebdige". *Buzz – Zeitschrift für elektronische Lebensaspekte* (mittlerweile De:bug), No. 1 (Juli 1997): 9.

In diesem Zusammenhang findet der beschriebene Authentizitätsmythos auch in bezug auf Rockmusik Anwendung[8]. Noch heute, trotz vieler Veränderungen in der Rock- und Popkultur (wie etwa der Einführung des Musikfernsehens – vgl. Kapitel 6.3. – und der Auflösung der Grenzen zwischen offizieller und off-Kultur) spielt die Unterscheidung in 'echt' und 'unecht', in 'ernsthaft' und 'seicht' in der kritischen Auseinandersetzung eine wichtige Rolle[9].

2.1. '*Gender*'-Konstruktionen in der Rock- und Popmusik in historischer Perspektive

Die Geschichte der Pop- und Rockkultur ist durch Bilder geprägt, die Universalität ausstrahlen und so ihre '*gender*'-Implikationen hinter einer geschlechtsneutralen Fassade verstecken, dennoch aber eine 'männlich' geprägte Ästhetik transportieren:

> The dark outlines of an altogether harsher, predominantly masculine influenced, romanticism of night-streets and rear-view mirror scenes, of motorbikes and cars, of being with the boys and staring at the girls, runs right down the middle of pop's symbolic universe, from Elvis to the Clash. Because its universality lends it a 'natural' air of invisibility it is all the more insidious; suggesting that it is only in the 'irrational' projections of the female psyche that romance is to be found in pop. In the meanwhile, male romanticism loses its gender and passes unobserved into the measure of 'reality'.[10]

Trotz des Vorhandenseins einer romantisch geprägten, 'männlichen' Ästhetik wurden in der öffentlichen Diskussion bis vor kurzem die offensichtlich romantischen und 'irrationalen' Interpretationen von Popkultur eindeutig dem

---

8 "Rock and Youth Cultures have a long-standing interest in defining, assigning, and recognizing authenticity". Fuchs, Cynthia. "'Beat me Outta Me': Alternative Masculinities". *Boys – Masculinities in Contemporary Culture*. Hg. Paul Smith. Boulder, Co.: Westview Press, 1996: 175.

9 Grossberg beschreibt verschiedene Formen von Authentizität in der Pop- und Rockkultur: "The first [...] assumes that authentic rock depends on its ability to articulate private but common desires, feelings and experiences into a shared public language. [...]. The second, often linked with dance and black music, locates authenticity in the construction of a rhythmic and sexual body. [...]. The third, often linked with the self-consciousness of art (and manifested in art rock), is built on the explicit recognition and acknowledgement that the difference that rock constructs (and which in turn is assigned back to rock) is always constructed through the creativity and skill of the artist." Grossberg, Lawrence. "The Media Economy of Rock Culture: Cinema, Postmodernity and Authenticity". *Sound and Vision. The Music Video Reader*. Hg. Simon Frith [u.a.]. London und New York: Routledge. 1993: 202-203.

10 Chambers, *Urban Rhythms*, 207.

weiblichen Fan-Sein zugeschrieben. Obwohl die 'männliche' Ästhetik genauso von romantisch geprägten Mythen zehrt, werden diese Zusammenhänge selten offengelegt. Selbst wenn sie offengelegt werden, wird die maskuline Rockkultur nicht auf diese emotionalen Elemente reduziert. Deshalb werden 'weibliche' Ausdrucksformen in der Rock- und Popmusik auch als Abweichung und 'männliche' Ausdrucksformen als eine Art Normalzustand dargestellt. Dieses Verständnis, das weiten Teilen des Musikjournalismus zugrunde liegt, wird der zentralen Rolle, welche die Verhandlung von Geschlechteridentität in der Pop- und Rockmusik spielt, jedoch nicht gerecht. Auch die Bedeutung von Homoerotik und homosozialen Strukturen wird so nicht thematisiert[11].

Die Vernachlässigung von '*gender*'-Implikationen beim Erforschen der Einflüsse, die die Rockmusik geprägt haben, und die Privilegierung anderer Interpretationskategorien, wie etwa die der ethnischen oder der Klassenidentität, verdeckt den Ursprung wesentlicher Innovationen in der Pop- und Rockkultur:

> Even in its inchoate beginnings, pop culture was forced to turn to the sexually divergent or avant-garde, for it was only in the spaces that they inhabited that this new world could be recognized and could develop. Pop's relationship to different ideas of sexuality and gender is thus deep and intricate: although it frequently denies it, it is from the milieux and sensibilities of the sexually divergent that pop culture draws much of its substance.[12]

Um die nachfolgenden Ausführungen über Rap und Punk in einen zeitgeschichtlichen Kontext zu stellen, folgt ein kurzer Überblick über wesentliche Strömungen in der Pop- und Rockmusik und die darin transportierten Konstruktionen von '*gender*'.

Der Rock'n'Roll der 50er Jahre hatte seinen Ursprung in den USA. Der Stil war stark von schwarzer Südstaatenmusik beeinflußt, wurde aber erst kommerziell erfolgreich, als er von weißen Künstlern gespielt wurde. Der wohl bekannteste und erfolgreichste Sänger aus dieser Zeit war Elvis Presley. Nicht nur die Musik, sondern auch die Art, in der er seinen Körper

---

[11] Siehe auch McRobbie zu homosozialen Strukturen in Jugendkulturen: "My point, then, is not to label subcultures as potentially gay, but to show that the possibility of escaping oppressive aspects of adolescent heterosexuality within a youth culture or a gang with a clearly signalled identity remains more or less unavailable to girls." McRobbie, Angela. "Settling Accounts with Subcultures – A Feminist Critique". *On Record – Rock, Pop and the Written Word.* Hg. Simon Frith und Andrew Goodwin. London: Routledge, 1990: 75.

[12] Savage, Jon. "Tainted Love: The Influence of Male Homosexuality and Sexual Divergence on Pop Music and Culture Since The War". *Consumption, Identity and Style – Marketing, Meanings and the Packaging of Pleasure.* Hg. Alan Tomlinson. New York und London: Routledge, 1990: 155.

präsentierte, war etwas radikal Neues. Der männliche Körper wurde zum Objekt von Begierde. Diese Form der Repräsentation von Männlichkeit löste damals heftige Reaktionen aus[13]. Der Ansatz, Körperlichkeit und Sexualität performativ einzusetzen, setzte sich in den folgenden Jahren fort, blieb jedoch ein männliches Privileg.

In den frühen 1960er Jahren kreierten die 'Beatles' mit einer Mischung aus Androgynität und Koketterie einen neuen Männlichkeitstyp, der "neither boys-together aggression nor boy-next-door pathos"[14] suggerierte, also körperlich präsent, aber trotzdem nicht bedrohlich war. Auch dieses alternative Modell von '*gender*'-Identität entsprang jedoch einem männlichen Kontext, zu dem Frauen wenig Zugang hatten und dessen Potential sie deshalb auch kaum für sich erschließen konnten:

> A male camaraderie formed at school, on the street corner, at art college, or in a gang, was frequently translated into musical shape.[15]

Die 'Rolling Stones' als zweite prägende Band der 1960er Jahre bildeten einen Gegenpol zu dem Männlichkeitsbild der 'Beatles'. Einerseits stellten sie männliche Sexualität als aggressiv und dominant dar, andererseits bedienten sie sich stark homoerotischer Elemente und kreierten eine teilweise androgyne Ästhetik. Dies war die Wurzel einer neuen Ästhetik, die etwa den Glamrock (eine nähere Beschreibung dieses Stils folgt unten), der offen mit '*gender*'-Identität spielte, ermöglichte:

> [...] it could be argued that Jagger's sense of ambivalent sexuality opened up definitions of gender which were to dominate much of the early 1970s and which are still prevalent today.[16]

Am Ende der 60er Jahre kristallisierten sich zwei scheinbar gegenläufige Trends heraus, die in der Hippiekultur trotz ihrer unterschiedlichen Ansätze Berührungspunkte hatten. Einerseits kam es zu einer Intellektualisierung und Politisierung durch den Progressive Rock. Erotik spielte in dieser Musik keine große Rolle. Gleichzeitig forderte die Hippiebewegung einen offenen, befreiten Umgang mit Körperlichkeit und Sexualität. Trotz dieses Anspruches wirkte die Hippiekultur durch die Naivität, mit der sie sich inszenierte und

---

13 "Particular fury was aroused in Presley's case, since a white working-class man dared to stand up and be openly sexual, energetic and beautiful – traits that have tended to be projected on to black men." Horrocks, *Male Myths and Icons*, 54.

14 Frith, Simon und Angela McRobbie. "Rock and Sexuality". *On Record – Rock, Pop and the Written Word.* Hg. Simon Frith und Andrew Goodwin. London: Routledge, 1990: 383.

15 Chambers, *Urban Rhythms,* 61.

16 Whiteley, Sheila. "Little Red Rooster v. The Honky Tonk Women – Mick Jagger, Sexuality, Style and Image". *Sexing The Groove – Popular Music and Gender.* Hg. Sheila Whiteley. London und New York: Routledge, 1997: 95.

durch die Bezugnahme auf einen unschuldigen, prägesellschaftlichen Naturzustand erstaunlich asexuell. Diese Form von Androgynität war Ausdruck eines neuen Verständnisses:

> Androgyny – of an explicit and active kind – was the key sexuality of the mid-sixties. It began as fashion – signified by the growth of long hair for men – and ended up as politics.[17]

Das androgyne Geschlechtermodell bot auch Frauen Identifikationspunkte an. Nichtsdestotrotz gab es wenig Frauen in der Musik, die sich dieses neue Potential in ähnlich expressiver Weise wie Männer aneigneten (eine Ausnahme waren Janis Joplin und Nico). Wenn Frauen in der Rock- und Popkultur einen Platz suchten, dann meist in der geschlechtsneutralen Rolle der Protestsängerin (wie etwa Joan Baez), die wenig Subjektivität und individuelle Expressivität zuließ.

Anfang der 70er Jahre kam der Glamrock auf. Diese Subkultur grenzte sich von dem Mythos der Natürlichkeit und der Authentizität, der die Hippiekultur dominiert hatte, ab. Im Glamrock wurde durch aufwendige Kostümierungen, die eine apokalyptische Science-fiction-Ästhetik adaptierten, und futuristisches Haarstyling Künstlichkeit geschaffen. Savage beschreibt diesen Prozeß als:

> [...] turning yourself and your body into an Art Object with all the irony and the distancing that that implied.[18]

Dazu kamen deutliche Referenzen an Homo- und Bisexualität:

> Homosexuality was plundered partly for its shock value but more importantly the sensibility which quickly permeated Glam Rock, with which it has long been associated.[19]

Auch Glamrock war androgyn, jedoch auf eine provokantere Art und Weise als die Hippies. Frauen spielten im Glamrock so gut wie keine Rolle.

Der nächste Wendepunkt der Rock- und Popgeschichte im Umgang mit Geschlechteridentität war Punk. Eine genaue Analyse des Umgangs von Punk mit '*gender*' folgt in Kapitel 8.1. An dieser Stelle sei für den roten Faden dieser Chronologie nur angemerkt, daß die Punkkultur durch neue Repräsentationsstrategien den Weg für alternative '*gender*'-Repräsentationen

---

17 Savage, "Tainted Love", 160. Sinfield schätzt die Hippiekultur nichtsdestotrotz als in ihrer Geschlechterpolitik eingefahren ein: "Most of postwar youth cultures, including hippies but with the partial exception of mods, have been heterosexist." Sinfield, *Postwar Britain*, 172.

18 Savage, "Tainted Love", 164.

19 Savage, "Tainted Love", 163-4. Vgl. auch Horrocks: "In the late sixties and early seventies, singers with a more unconventional image began to emerge: David Bowie, Marc Bolan, Alice Cooper, Freddy Mercury. Here were men who cultivated a 'camp', feminine, or bisexual image." Horrocks, *Masculinity in Crisis*, 154.

freimachte und den Authentizitätsmythos in Frage stellte[20]. Eine Körperfeindlichkeit, die sich durch die Punkästhetik zog, präsentierte sich als Infragestellung der von den Hippies hart erkämpften Liberalisierung in sexuellen Fragen[21] und eröffnete Frauen eine Möglichkeit, ihrer Objektifizierung als Projektionsfläche von Begierde in der Kultur zu entfliehen. So schaffte Punk die Grundlage für einen spielerischen Umgang mit Geschlechteridentität und dem Körper, der selbige transportiert. Diese Möglichkeit zur Artikulation stand stärker denn je auch Frauen offen.

In der Post-Punk-Ära der 80er Jahre kam es zu einer Neuentdeckung des im Punk negierten Körpers. Der Umgang mit '*gender*'-Identität wurde weniger ideologisch betrachtet. Zwar dominierten Männer noch immer die Rock- und Popkultur, aber Frauen (wie 'Madonna' als bekanntestes Beispiel) und offen homosexuelle Künstler (wie etwa die 'Pet Shop Boys' und 'Boy George' oder auch 'Frankie Goes to Hollywood' und 'Bronski Beat') wurden zunehmend in den Mainstream integriert. Diese Entwicklung betrifft jedoch in erster Linie Europa. In den USA kommt es in den 80er Jahren zu einer teilweisen Rückkehr zu traditionellen Männlichkeiten in der Rockmusik, wie sie etwa von Bruce Springsteen oder der damals sehr erfolgreichen Hardrock- und Heavy-Metal-Szene verkörpert werden. Auch im Rap werden teilweise konservative Modelle heterosexueller Männlichkeit reproduziert. Gleichzeitig rückt der Körper im Rap durch die Rhythmik und die Tanzorientierung stärker in den Mittelpunkt und wird so zum Medium der Verhandlung von Identität.

Bemerkenswert ist, daß es – trotz des Universalitätsanspruches von Jugendkultur – deutliche nationale Unterschiede und kulturell bedingte Präferenzen bei der Rezeption von Pop- und Rockmusik gibt. Dies läßt den Schluß zu, daß Jugend- und Subkulturen – trotz ihrer internationalen Ausrichtung – bevorzugt auf die in ihrer Stammkultur existierenden Identitäten zurückgreifen[22].

---

[20] "Rock music is consumer capitalism writ too large, and some performers, especially since punk, cultivate artificiality rather than authenticity." Sinfield, *Postwar Britain*, 177.

[21] "Surrounded by the commercial tat of a failed sexual 'revolution', Punk Rock threw sex back into the face of society in an apocalyptic vision: as the name Sex Pistols made clear, sex was not a means to pleasure, or self-discovery but a weapon." Savage, "Tainted Love", 165.

[22] Siehe auch: "[…] because of the pop process, early English rockers took on the passivity of the adored object even more dramatically than their American models. The English genius was not for the music itself, but for its packaging: unable to feel rock'n'roll as a process or a culture, the English music industry and its performers concentrated on style. They developed a sophisticated concern with image that, together with an obsession with clothes, has dominated English pop ever since." Savage, Jon. "The Enemy Within: Sex, Rock and Identity". *Facing the Music*. Hg. Simon Frith. New York: Pantheon Books, 1988: 151-2.

Trotz dieser nationalen Unterschiede läßt sich in der Rock- und Popkultur allgemein eine tendenzielle Auflösung von '*gender*'-Binarität in den 90er Jahren beobachten. Zunehmend steht es auch Frauen offen, ihre sexuelle Identität im künstlerischen Bereich zu verhandeln[23]. Diese Verschiebung innerhalb der Jugendkulturen führte auch zu einer intensiven Auseinandersetzung mit der '*gender*'-Thematik seitens der Kritiker, die bis vor wenigen Jahren andere Diskurse über Rock- und Popkultur privilegiert haben[24].

Obwohl, wie der geschichtliche Abriß zeigt, Rockmusik 'männliche' Konstruktionen von Identität bevorzugte, hat sie durch ihre konkrete, kulturelle Praxis, die sich eben auch über Lustgewinn und Körperlichkeit definierte, diese 'männliche' Ausrichtung unterwandert. So konnten auch Frauen in der Rock- und Popkultur Erfahrungen machen, von denen sie strukturell eigentlich ausgeschlossen waren.

> [...] a song may, in both its ideological messages and the patterns of its gendered consumption, reproduce the social definitions of sexuality and social roles. And yet, in its restructuring of the body as the site of pleasure, in the ways it makes space for and inserts the female body and voice into its physical and social environment, it may challenge hegemonic restraints on sexuality, desire and even gender construction.[25]

Auch ist bei der Interpretation von Rock- und Popmusik Vorsicht geboten, nicht vorschnell scheinbar misogyne Themen und Positionierungen zu identifizieren. So sollten Aussagen in Sub- und Jugendkulturen, die sich gegen die Rollen richten, die die Gesellschaftsstruktur Frauen zuweist, nicht

---

23 Vgl. auch die Beiträge von Stella Bruzzi und Mary Celeste Kearny in: *Sexing the Groove – Gender and Popular Music*. Hg. Sheila Whitely. New York und London: Routledge, 1997.

24 Auch in der Geschichtsschreibung der Rockmusik werden die Einflüsse von Frauen oder Schwulen heruntergestuft: "Recall, for instance, the erasure of women – whether the blues queen of the 1920s or girl groups from the early sixties – from historical narratives, or the continuing devalution of dance music as a pathetic succesor to the politically potent music of the sixties – especially in the 'disco sucks' campaign, where an underlying homophobia is quite obvious, but also in the blank dismissals of the many African-American genres (including disco) that are designed to maximize physical engagement." McClary, Susan. "Same As It Ever Was: Youth Culture and Music". *Microphone Fiends – Youth Music and Youth Culture*. Hg. Andrew Ross und Tricia Rose. New York und London: Routledge, 1994: 32.

25 Grossberg, Lawrence. "Is There Rock After Punk?". *On Record – Rock, Pop, And The Written Word*. Hg. Simon Frith und Andrew Goodwin. New York: Pantheon Books, 1990: 114. Siehe auch Reynolds/ Press, die darüber hinaus der Faszination, die die Rebellenpose auf Frauen ausübt, nachgehen. "Our argument is simply that these artists' very exhilaration is inseperable from their intrenchment in 'unsound' gender politics. What makes these rebels so powerful is the psycho-sexual dynamic of breaking away." Reynolds/ Press, *Sex Revolts,* XIII.

unbedingt als frauenfeindlich bewertet werden. Die Tradition der '*anti-domesticity*', die sich durch die Geschichte der Rockmusik zieht[26], wird oft von Kritikern als gegen Frauen an sich gerichtet verstanden[27]. Ob ein Angriff auf die Institutionen, mit denen Frauen assoziiert werden, wie etwa die Familie, gleichzusetzen ist mit einem Angriff auf Frauen an sich, ist fraglich. Vielmehr erscheint eine Lesart von Rock- und Popkultur möglich, die den gesellschaftlichen Rahmen, der diese sozialen Strukturen konstruiert, angreift:

> Rock and roll places its fans outside the family, not only ideologically but physically and affectively as well. While Frith and McRobbie see this attack on the family – rock and roll's anti-domesticity – as another example of its misogyny, a more accurate reading would see it as an attack on the institution itself, as a resistance to the very disciplination which constructs its youth.[28]

Dieser Ansatz erscheint sinnvoller als der, welcher der Rock- und Popkultur eine pauschale Frauenfeindlichkeit unterstellt. So ist von Fall zu Fall eine sorgfältige Analyse vonnöten, die hinterfragt, ob es der Diskurs über Rock- und Popmusik ist, der Frauen ausschließt oder die kulturelle Praxis im betreffenden Genre.

Allgemein ist jedoch zu beobachten, daß Frauen die kulturelle Praxis, die sich eher im öffentlichen Raum, etwa auf der Straße oder im Musikclub, als im Privaten abspielte, aufgrund ihrer sozialen Rolle nur begrenzt mitgestalten konnten. Die Bereiche, an denen sie in vollem Maße teilhaben konnten (wie etwa dem 'häuslichen' Konsum von Musik oder dem Lesen von Musikzeitschriften), wurden im Diskurs über Rock- und Popmusik als marginal eingestuft. Dies verweist auf eine Ausgrenzung von Frauen aus dem engeren Kreis der Produzenten als auch der Rezipienten von Rock- und Popmusik.

Nach diesem Überblick über wesentliche '*gender*'-Modelle aus der Geschichte der Rock- und Popmusik soll in den nächsten beiden Unterkapiteln zusammenfassend beleuchtet werden, inwiefern die Konstruktionen von Männlichkeit auf eine Identifikation mit 'weiblichen' bzw. 'homosexuellen' Identitäten zurückgreifen. Wie oben beschrieben, ist das Verhältnis von heterosexueller männlicher zu weiblicher bzw. homosexueller Identität keineswegs scharf abgegrenzt, sondern oft durch die Aneignung von gemeinhin als 'weiblich' oder 'homosexuell' konnotierten Eigenschaften geprägt.

---

[26] Vgl. Reynolds/ Press, *Sex Revolts,* 2-15.

[27] Vgl. Reynolds/ Press, *Sex Revolts,* 3. Oder auch Frith/ McRobbie, "Rock and Sexuality", 376-381.

[28] Grossberg, Lawrence. "'I'd Rather Feel Bad Than Not Feel Anything At All': Rock and Roll, Pleasure and Power". *Enclitic* 8, (1985): 107.

> The pop world is a world of fantasies, and men have been able to carry out fantastic experiments in terms of their own identity. There is no doubt that, as a patriarchal institution, popular music has witnessed many 'masculinist' images and narratives, but it has also encouraged transgression, inversion, fusion. It has granted homoerotic and feminine fantasies a safe place to exist; it has given fantasies of omnipotence to the powerless; and it has also allowed the subterranean misery and rage of men to rise to the surface.[29]

Der experimentelle Umgang mit '*gender*'-Identität läßt jedoch nicht unbedingt auf eine bewußte Sympathiebekundung für Frauen oder Schwule, bei denen Ausdrucksformen entliehen werden, schließen. Oft hängt das Hineininterpretieren von schwulen oder weiblichen Elementen damit zusammen, daß traditionelle Konstruktionen von Männlichkeit jungen Männern so wenig Expressivität zugestehen, daß die Aneignung dieser Expressivität gleich als Aneignung einer alternativen '*gender*'-Identität verstanden wird[30].

2.1.1. Homosexualität und die Konstruktion von Männlichkeit

Eine latente Homoerotik ist und war vielen Jugendkulturen immanent, obgleich es direkte Referenzen an Homosexualität oder ein offenes Eingeständnis der eigenen Homosexualität von seiten der Künstler (von wenigen Ausnahmen – wie etwa David Bowie in den frühen 70er Jahren – abgesehen) erst in den vergangenen 15 Jahren gab.

Nichtsdestotrotz spielen Flirts mit einer homo- oder bisexuellen Identität eine wichtige Rolle in der Rock- und Popmusik. Sie sind eine Möglichkeit zur Flucht aus traditionellen Modellen von geschlechtlicher Identität und Familie und stellen so eine Alternative zu den von der Dominanzkultur akzeptierten Modellen von Männlichkeit dar. Dieser Flirt mit einer anderen '*gender*'-Identität stellt jedoch keine explizite Solidarisierung mit der schwulen Subkultur dar. Vielmehr war er ein Mittel, Abweichung vom Mainstream zum Ausdruck zu bringen und damit zu provozieren.

Insgesamt ist die Pop- und Rockkultur stark von modischen und stilistischen Einflüssen aus der schwulen Subkultur geprägt. Allerdings ist dies bei einigen Subkulturen stärker ausgeprägt als bei den hier untersuchten Genres Rap und Punk. Während sich bei Punk die noch zu beschreibende Anti-Körperlichkeit diametral zur homosexuellen kulturellen Praxis verhält, liegt die Distanz von Rap zu einer homoerotischen Ästhetik im

---

[29] Horrocks, *Male Myths and Icons*, 145.

[30] "Male narcissism in youth culture doesn't mean that lots of boys were 'really' homosexual, though in some instances such feelings were at work (more explicit expressions being illegal and taboo). Rather, I think, received wisdom underestimates the extent to which, generally in our culture, men check themselves out against men – and women against women." Sinfield, *Postwar Britain*, 173.

heterosexuellen Machismo der Hiphopkultur begründet. Homosexualität stellt sowohl in der britischen Arbeiterschicht als auch in weiten Teilen der afroamerikanischen Bevölkerung keine akzeptierte Identität dar, anders als beispielsweise in Teilen der 'weißen' Mittelschicht, in der Homosexualität zwar auch nicht akzeptiert, aber zumindest als Bestandteil einer künstlerischen Identität toleriert wird.

Von der direkten Bezugnahme auf eine homosexuelle Ästhetik einmal abgesehen, spielt eine homosoziale Gruppendynamik jedoch in beiden Subkulturen eine wichtige Rolle.

2.1.2. Weiblichkeit und die Konstruktion von Männlichkeit

Die Konstruktion von Weiblichkeit als 'das Andere' ist eine Tradition, die sich mit positiven wie negativen Stereotypenbildungen durch die Rockgeschichte zieht. So werden Frauen permanent als Gegenüber, als gegensätzlicher Pol definiert. Nichtsdestotrotz gibt es aber auch einen permanenten Dialog mit Frauen. Wie unter 1.1. ausgeführt gilt Weiblichkeit, so wie sie in unserer Gesellschaft konnotiert ist, als Hemmnis bei der Identitätssuche, als etwas, wovon es sich zu lösen gilt, weil sie die Entfaltung von Individualität blockiert und in die gesellschaftliche Ordnung einzuverleiben droht. Dieses Verständnis von Weiblichkeit zieht sich, im Subtext oder offen artikuliert, durch die Geschichte der Rock- und Popmusik.

Die Verhandlung des Geschlechterverhältnisses ist in den meisten Genres von Rock- und Popmusik ein Dauerthema. Das Verhältnis zu Frauen wird von Männern permanent reflektiert, allerdings fehlen dabei größtenteils differenzierte Bilder von Weiblichkeit. Ob diese Reflexion unter relativem Ausschluß oder eher im Dialog mit Frauen stattfindet, ist vom Genre abhängig. Sowohl bei Punk als auch im Rap gibt es ein relativ kleines, nichtsdestotrotz starkes Segment von Frauen, die ihre Position zum Ausdruck bringen und so eine Diskussion innerhalb der Subkultur bewirken. Zusammenfassend läßt sich jedoch festhalten, daß Rock- und Popmusik sowohl in der Produktion als auch im Konsum bis heute, wenn auch weniger eindeutig als früher, ein männlich dominiertes Genre ist.

3. Geschichtlicher Abriß und die Konzepte von Punk

Im folgenden Kapitel will ich unter 3.1. einen geschichtlichen Abriß der Punkbewegung, ihrer Vorläufer und späteren Verzweigungen geben. Auch werde ich der Rezeption von Punk in den Medien und der Öffentlichkeit nachgehen, da die Entwicklung des Genres wesentlich von den extremen öffentlichen Reaktionen mitgeprägt wurde[1]. Nach dieser grundlegenden Einführung in die historischen Rahmenbedingungen werde ich Punk als kulturelles Konzept erläutern und die Subkultur im Spannungsfeld zwischen avantgardistischem Anspruch und den Mechanismen der Musikindustrie positionieren.

Diese historische Kontextualisierung ist deshalb wichtig, weil die unter 5. und 6. folgenden Analysen der Performanz von Rap und Punk nur im Zusammenhang mit ihren historischen und kulturellen Rahmenbedingungen zu verstehen sind. Eine Geste ist nur dann provokant, wenn sie sich auf einen Kontext bezieht, in der eben genau diese Geste mit Tabus belegt ist. Deshalb soll die Entwicklung des Genres nicht isoliert betrachtet, sondern auch die öffentliche Diskussion und die Rezeption in den Medien mit einbezogen werden. Diese beiden Ebenen stehen in ständiger Wechselwirkung zueinander. An dieser Stelle ist für meine Begriffe ein Hinweis darauf nötig, daß die akademische Auseinandersetzung mit Punk von den Forschungsparadigmen der Zeit, in der Punk neu und interessant war, geprägt ist. So wurde diese Subkultur oft unter einer Klassenperspektive rezipiert, auch bei Aspekten, für die im heutigen Diskurs vermutlich ein anderer Ansatz gewählt würde. Dies wirkt sich auf die zur Verfügung stehende Literatur, die größtenteils aus den Jahren kurz nach Punk stammt, aus.

Ferner dienen die folgenden zwei Kapitel dazu, die Vergleichbarkeit von Punk und Rap aus ihren strukturellen Parallelen abzuleiten, insoweit das noch nicht in der Einleitung geschehen ist.

3.1. Geschichte der Punkbewegung

Punk in der Form, mit der er heute gemeinhin assoziiert wird, entstand Mitte der 70er Jahre in England. Der Begriff umfaßt über die Musik (auch Punkrock genannt) hinaus auch Kleidung, Styling, Einstellungen und Auftreten. Dies

---

1 Vgl. Savage, *England's Dreaming*, 263-267.

führt zu einem manchmal unpräzisen Gebrauch des Begriffes[2]. Zum ersten Mal wurde die Bezeichnung, die ursprünglich in verschiedenen Kontexten abfällig benutzt wurde (so stand Punk u.a. für Prostitution, Homosexualität, Wertlosigkeit und Schwäche[3]), durch einige US-amerikanischen Bands der frühen 1970er Jahre, wie den 'Ramones' und den 'New York Dolls', in einen Zusammenhang mit Musik gebracht. Im Dezember 1975 erschien in New York ein Fanzine[4] namens 'Punk', das sich mit dieser Szene auseinandersetzte. Fest assoziiert mit einer bestimmten Musik wurde der Begriff Punk aber erst durch das Phänomen, das sich 1976 in England herausbildete. Die Punkband, die bis heute als Inbegriff des Punk gewertet wird, waren die 'Sex Pistols'[5]. Sie gründeten sich im Sommer 1975 in dem Bekleidungsgeschäft von Malcom McLaren, ihrem späteren Manager und konzeptionellen Kopf[6].

---

2 "Though 'punk' did not become a generic term used in reference to a certain type of rock-and-roll music and the youth subculture associated with it until the emergence of the punk scene in Britain in 1975, it has also been used, mainly in retrospect, to describe noncommercial rock music of the early 1970s as well as with highly commercial rock music of the early 1980s." Henry, Tricia. *Break All Rules! Punk Rock and the Making of a Style*. Ann Harbor und London: UMI Research Press, 1989: 7.

3 Vgl. Laing, *One Chord Wonders*, 41. Dort geht Laing auf die Bedeutungsgeschichte des Wortes ein. Im Oxford Advanced Learner's Dictionary finden sich neben dem Verweis auf Punkrock folgende Definition: 'worthless stuff'/ 'rubbish'/ 'worthless person'. (Berlin: Oxford University Press/ Cornelsen, 1980.)

4 Fanzines sind unabhängig produzierte low-budget Zeitschriften in kleiner Auflage. Ihre Funktion beschreibt Henry folgendermaßen: "Besides providing information about events and performances, and providing an alternative to mainstream criticism, the fanzines included a variety of what Dick Hebdige, in his book *Subculture: The Meaning of Style* refers to as manifestos." Henry, *Break All Rules*, 3. Fanzines respräsentieren zentrale Elemente der Punkästhetik und den 'Do-It-Yourself' Ethos von Punk. "In addition to providing a network of philosophical exchange within the punk population, the fanzines were also instrumental in defining the punk graphic aesthetics." Henry, *Break All Rules*, 83. Siehe auch: "Fanzines went further into the vanguard art that seemed, to many art students at least, the root of Punk." Savage, Jon. *England's Dreaming – Sex Pistols and Punk Rock*. London: Faber and Faber, 1992: 402.

5 "But then the Sex Pistols played their first gig at London's St. Martin's College of Art, and, almost immediately, gave the ensuing revolt its style, form, content and direction." Birch, Ian. "Punk". *The Rock Primer*. Hg. John Collins. Harmondsworth: Penguin Books, 1980: 267.

6 Malcolm McLarens Rolle als Manager der 'Sex Pistols' ist umstritten, vor allem im Zusammenhang mit der Frage, wie eigenständig die Band war bzw. inwiefern sie nur ein Produkt des vom Situationismus beeinflußten Ex-Kunststudenten McLaren war: "The accepted view of the Sex Pistols is that McLaren, Svengali-like, hoisted a group of no-hopers to international prominence, that he is the group's alpha and omega." Savage, *England's Dreaming,* 70-1. Diese Sicht relativiert sich bei einem genaueren Blick auf die Aktivitäten der Band, die keineswegs so inszeniert waren, wie es im nachhinein wirkte, trotz des Umstandes, daß McLaren das von den 'Sex Pistols' veranstaltete Spektakel immer in aufsehenerregender Weise nutzte: "[…] it must be conceded that he has a first-class media brain with an instinct for theatre." Savage, Jon. *Time Travel – Pop, Media and Sexuality 1976-96*. London: Chatto & Windus, 1996: 14.

Im Laufe des Jahres 76 erlangten sie durch zahlreiche Live-Auftritte und durch die Berichterstattung in den Medien einen hohen Bekanntheitsgrad. Sie waren es auch, die mit einigen spektakulären Aktionen[7] und einem dementsprechenden Medienecho großes Aufsehen erregten und den öffentlichen Diskurs über diese neue Jugendkultur wesentlich mitprägten. Innerhalb von kürzester Zeit entstanden viele neue Bands, und die Bewegung breitete sich von London in andere englische Städte, wie etwa Manchester und Liverpool, aus. Die wichtigsten Bands waren die 'Sex Pistols', 'The Clash' (die sich im Juli 1976 inspiriert von einem 'Sex Pistols' Auftritt gründeten), 'The Damned' und die 'Stranglers'[8].

Die britische Öffentlichkeit reagierte panisch. Spätestens nach Ausstrahlung des 'Sex Pistols'-Fernsehinterviews des BBC-Moderators Bill Grundy im Dezember 1976, in dem die Band den Moderator vor laufender Kamera beschimpfte, wurde die Punkbewegung zur Bedrohung der inneren Sicherheit Großbritanniens stilisiert.[9] Die Boulevardzeitungen übertrafen sich gegenseitig mit Horrormeldungen über die entstehende Subkultur. Die Single 'God Save The Queen' wurde von der BBC und etlichen Ladenketten boykottiert, die 'Sex Pistols' und andere Bands von fast allen Veranstaltern mit Auftrittsverboten belegt.

Die Jubiläumsfeierlichkeiten zum 25. Amtsjahr der Königin standen unmittelbar bevor, gleichzeitig spitzten sich seit langem schwelende Konflikte in der britischen Gesellschaft zu. Die Arbeitslosenzahlen erreichten Rekordniveau, allein in London lebten 1975 ca. 30.000 Menschen in illegal besetzten Wohnungen, und bei dem alljährlich stattfindenden Notting Hill Carnival im August 76 kam es zu schweren Konfrontationen zwischen der afrobritischen Bevölkerung und der Polizei[10]. Die Musikindustrie steckte in einer Phase der Stagnation und wartete auf neue Impulse[11]. Punk traf in dieses gesellschaftliche und kulturelle Vakuum und löste eine dementsprechend heftige Reaktion aus:

---

[7] So etwa durch das Skandalinterview im BBC Fernsehen oder ihre spektakulären Wechsel von Plattenfirma zu Plattenfirma, von denen sie aufgrund diverser Skandale gegen Zahlung von hohen Abfindungen entlassen wurden.

[8] An dieser Stelle sei für einen genaueren Überblick die Chronologie bei Laing, *One Chord Wonders,* 132 empfohlen.

[9] Dieses Phänomen war kein ausschließliches Charakteristikum von Punk, sondern zieht sich durch die Geschichte der öffentlichen Rezeption von Jugendbewegungen in Großbritannien, zuletzt geschehen im Zusammenhang mit der Ravekultur und dem, teilweise in Reaktion auf diese Kultur erlassenen *Criminal Justice Act*, die nicht angemeldete Parties verbietet. Bei Punk waren die Reaktionen der Öffentlichkeit jedoch extremer.

[10] Vgl. Savage, *England's Dreaming,* 108-112.

[11] Siehe auch Laing, *One Chord Wonders*, 1f.

> The political and social order seemed to be breaking up, and nothing symbolized this more than the Punk Rockers now visible on the streets of large urban centers. Through a mixture of conjuring and existential truth, Punk insinuated itself into the national psyche as the true face of England.[12]

Zwar gibt es eine Tradition der Panikmache angesichts neuer Jugend- und Subkulturen, doch stand Punk nicht nur für einen Bruch mit der Gesellschaft, sondern auch mit den Traditionen innerhalb der Rock- und Popmusik. Zum ersten Mal in der Nachkriegszeit waren gesellschaftliches Establishment und Rockkultur kein zwingender Widerspruch. Die Gegenkultur der 60er Jahre war gesellschaftlich inkorporiert. Die damals Aufsehen erregenden Musiker waren vom Establishment akzeptiert und der Mythos von jugendlicher Rebellion war schal geworden[13].

Durch das Infragestellen von Rockkonventionen hinterließ die Punkbewegung nach ihrem Abklingen Raum für viele neue, bis in die heutige Zeit hinein wirkende Stilrichtungen[14]. Auch wenn sich Punkrock radikal von etablierten Rocktraditionen abgrenzte, lassen sich doch Vorläufer ausmachen, von denen zwei besonders wichtig erscheinen. Das ist zum einen die Musik, die sich – wie eingangs erwähnt – in den frühen 70er Jahren in New York herausgebildet hatte. Zum anderen gab es die britische Tradition des Pubrocks, der ebenfalls in den frühen 70er Jahren entstand. Pubrock reagierte ähnlich auf die Strukturen des Musikbusiness wie Punk[15], hatte jedoch andere ästhetische Vorstellungen und war fest in den Traditionen konventioneller Rockmusik eingebettet, die ihre Wurzeln im Rhythm & Blues hatte. Trotzdem

---

12 Savage, *England's Dreaming*, 323. Vgl auch Boot Adrian und Chris Salewicz. *Punk: The llustrated History Of A Music Revolution*. London: Boxtree Limited, 1996: 11.

13 "Punk emerged at, and responded to, a particular moment in the history of rock and roll. It is, after all, not coincidental that in 1976 the first of the baby boomer were turning thirty. Punk attacked rock and roll for having grown old and fat, for having lost that which puts it in touch with its audience and outside of hegemonic reality. It attacked rock and roll in the guise of megagroups and arena rock, hippies and baby boomers who had clearly become part of what was supposed to be outside of rock and roll." Grossberg, "Rock After Punk", 117.

14 Vgl Grossberg, "Rock after Punk", 117. Auch Goldthorpe beobachtet bei Punk ein "clearing of space for new oppositional stances." Goldthorpe, Jeff. "Intoxicated Culture – Punk Symbolism and Punk Protest". *Socialist Review*. Vol. 22 No. 2 (1992): 38. Zu den Musikstilen, die gemeinhin in der Tradition von Punk gesehen werden, zählen New Wave, Agitpop und die Mischform aus Reggae und Punk und frühen Ska-Vorläufern, die als Two Tone bekannt wurde. Auch der New Pop der 1980er Jahre bezieht sich auf Punk, benutzt jedoch eine deutlich andere Ästhetik. Darüber hinaus zog Punk auch in den USA neue Stile nach sich, wie etwa die Westcoast-Hardcore-Szene, die sich vor allem in Kalifornien in den 1980er Jahren herausbildete, und Grunge, der Anfang der 1990er Jahre ein Punkrevival in den USA auslöste.

15 So wählte Pubrock z.B. bewußt kleine Veranstaltungsorte, auch wenn sich größere Hallen füllen ließen.

gab es in einigen Punkten Parallelen dazu, was Punk ausmachen sollte, wenn auch aus einer eher wertkonservativen Tradition als aus einem radikalen Anspruch heraus. So attestiert Jon Savage der Pubrock-Bewegung:

> [...] it was funky, accessible, performance-led, a deliberate return to the basics, 'back to mono'.[16]

Über diese beiden direkten Vorläufer hinaus war Reggae ein wichtiger Referenzpunkt für die Punkbewegung[17], wenn auch bis auf wenige Ausnahmen (wie z.B. 'The Clash') kaum direkte musikalische Verbindungen bestehen. Die Gemeinsamkeiten waren eher ideologischer als künstlerischer Natur. So beneideten einige Punkbands die afrobritische Jugend um deren Bereitschaft zur gewaltsamen Konfrontation mit dem System. Dies ist beispielsweise am Text von "White Riot" von 'The Clash' abzulesen:

> Black people gotta lot a problems/ But they don't mind throwing a brick/ White people go to school/ Where they teach you to be thick[18]

Im weiteren Verlauf der Punkbewegung wurde eine Koalitionsbildung mit schwarzen Künstlern und der Brückenschlag zu schwarzer Musik wichtiger, um sich so gegen die Vereinnahmung von Punk durch faschistische Gruppierungen, wie etwa die '*National Front*' zur Wehr zu setzen. Diese Gruppierungen benutzten den ambivalenten Umgang der frühen Punkbewegung mit faschistischen Insignien, wie etwa Hakenkreuzbinden, für ihre Zwecke. Darüber hinaus gab es natürlich noch andere Einflüsse auf die Punkbewegung. Hier ist beispielsweise der Glamrock zu nennen, dem Punk den Hang zum '*gender-bending*' und zur Androgynität verdankt[19].

---

[16] Siehe Savage, *England's Dreaming*, 81. Eine detaillierte Beschreibung der Bedeutung von Pubrock findet sich bei Laing, *One Chord Wonders*, 7-11.

[17] Vor allem 'The Clash' hatten enge Bindungen zum Reggae und erhofften sich, ein ähnliches Bewußtsein unter der weißen Jugend zu schaffen, wie Reggae es unter der schwarzen Jugend geschafft hatte (wie etwa der Text zu "White Riot" zeigt). Vgl. auch Jones: "Reggae has been adopted by the punk movement for its ability to signify, in a particular graphic way, white youth's own struggle for political and cultural power". Jones, Simon. *Black Culture – White Youth. The Reggae Tradition from JA to UK.* Basingstoke: Macmillan Education, 1988: 96. Viele Bands hatten eine enge Bindung zum Reggae, auch wenn eine oberflächliche Betrachtung eher das Gegenteil suggeriert: "To those without a key to Punk's bewildering jumble of signals, its combination of cropped hair, emotive symbols and brutal, harsh music that seemed to eradicate almost every trace of pop's black origins, pointed one way." Savage, *England's Dreaming,* 243.

[18] The Clash, "White Riot", *The Clash*.

[19] Siehe etwa Goldthorpe, der die amerikanische Punkszene sehr viel machistischer als die englische Szene einschätzt. So befindet sich die amerikanische Hardcoreszene: "[...] in permanent tension with the plastic, ironic, perverse, gender-bending style that British punk inherited from glam rock." Goldthorpe, "Intoxicated Culture", 41.

Der erstgenannte und wohl wesentlichste Vorläufer von Punk hat sich in den frühen 70er Jahren in New Yorks Lower East Side herausgebildet[20]. Bands wie die 1965 gegründeten 'Velvet Underground' bildeten zusammen mit den '*garage bands*' der 60er Jahre[21] die Vorläufer der frühen amerikanischen Punkszene, zu der Bands wie die 'Ramones', die 'New York Dolls', und 'Iggy Pop and the Stooges' gehörten. Diese Szene entstand früher als die Punkszene in England, hatte aber wenig Publikumsresonanz und blieb auf einige Treffpunkte und Veranstaltungsorte beschränkt. Malcolm McLaren versuchte sich 1974 bei einem Amerikaaufenthalt kurzzeitig als Manager der 'New York Dolls'. Obwohl er am Zustand der Band, die in Auflösung begriffen war, scheiterte, brachte er doch große Begeisterung über die amerikanische Punkszene mit zurück nach England[22]. Der Einfluß, den die New Yorker Szene auf McLaren und damit auch auf die 'Sex Pistols' hatte, wird von Kennern der Szene als sehr hoch eingeschätzt[23]. Die New Yorker Bands brachten wesentliche Grundelemente in den englischen Punk ein.

> Hier bereits finden wir das gesamte stilistische Inventar versammelt, das 1976 in London, um den proletarischen Gestus bereichert, als Punk explodierte: die Feier der sexuellen Perversion [...], die Ironisierung der Konsumgesellschaft [...], das obskure Idiom [...] und [...] die Demontage der eingefleischten Arbeitsethik.[24]

Die britische Punkbewegung währte relativ kurz. So schnell, wie viele Punkbands sich gegründet hatten und zu Ruhm gekommen waren, ebbte diese Bewegung auch wieder ab. Viele Bands, wie z.B. die 'Sex Pistols' und 'The Damned', lösten sich schon 1978 wieder auf, und die, die weiterbestanden – wie etwa 'The Clash' – integrierten sich zunehmend in den Kanon etablierter Rockbands.

---

20 Einen Überblick über die New Yorker Bewegung bietet McNeil, Legs und Gillian Mc Cain. *Please Kill Me – The Uncensored Oral History of Punk.* New York: Grove Press, 1996.

21 Vgl. Birch, "Punk", 262-6.

22 "[...] during his six months in NY he had seen a musical subculture that was self-generated, mutually supportive, yet potentially commercial, that radiated intelligence, speed, being connected to the moment." Savage, *England's Dreaming,* 92.

23 "People I interviewed who were closly associated with McLaren during this peroid unanimously agree that he was deeply influenced by his experiences in New York and that, were it not for his exposure to New York bands, the Sex Pistols, and subsequently the English punk-rock movement as we know it, might not have occurred." Henry, *Break All Rules,* 59.

24 Naumann, Michael und Boris Penth. "Stiltransit". *Schock und Schöpfung*. Hg. Willi Bucher und Klaus Pohl. (Im Auftrag des Deutschen Werkbunds e.V. und Württembergischen Kunstvereins Stuttgart). Darmstadt und Neuwied: Luchterhand Verlag, 1986: 125.

3.2. Kulturelles Konzept des Punk

Im folgenden soll geklärt werden, welche kulturellen Vorstellungen hinter der Entstehungsgeschichte von Punk stehen. Konzept ist insofern ein problematisches Wort, als daß es eine bewußte Planung impliziert. Davon kann jedoch keine Rede sein. Nichtsdestotrotz sind kulturelle Entwicklungen auch nicht zufällig, sondern folgen einer nachvollziehbaren Logik und stellen ein in sich stimmiges System dar. Dieser Umstand läßt sich gut mit dem Begriff der Homologie umschreiben, der besagt, daß Teilaspekte einer Kultur miteinander in einer logischen Korrespondenz stehen und nicht willkürlich aufeinandertreffen[25]. So stellen sie in ihrer Gesamtheit ein stimmiges, wenn auch nicht abgeschlossenes System dar. Dies ist als Voraussetzung wichtig für die Analyse sozial strukturierender Kategorien, wie etwa der Kategorie '*gender*'.

Das Konzept von Homologie ist im Zusammenhang mit Punk (und auch mit Rap) hilfreich, weil es sich bei Punk nicht nur um einen Musikstil, sondern auch eine Mode und eine Lebensform handelt. Das Funktionieren als Subkultur impliziert, daß die verschiedenen Bereiche miteinander korrespondieren. Doch nicht nur auf der alltagskulturellen Ebene, sondern in der künstlerischen Realisierung war Punk vielschichtig und interdisziplinär angelegt:

> Like other movements in the historical avant-garde, it was an interdisciplinary movement which included visual art, literature and performance.[26]

Der Anspruch auf Durchdringung aller Lebensbereiche war ein wichtiges Element von Punk. Das Konzept von Punk widersprach der Vorstellung, daß eine Subkultur etwas sei, was man in der Freizeit ausübe. Vielmehr wurde das Leben als Gesamtkunstwerk verstanden. Punk durchdrang zwar von seiner kulturellen Praxis her das Alltagsleben mit dieser Expressivität, aber anders als bei vielen kulturellen, eher avantgardistisch orientierten Bewegungen war dieser Ansatz nicht in einem Manifest verankert. Die Frage, wie avantgardistisch und kulturell bewußt die Punkbewegung war, ist eine Frage, die sich auch in der noch zu erklärenden Aufsplittung der Punkbewegung in '*arties*' und '*social realists*' wiederfindet. Teile der Punkszene waren sich sehr wohl über die Wahl ihrer Mittel bewußt, wie etwa Malcolm McLaren, der Manager der 'Sex Pistols'. Andere wiederum folgten der Bewegung, weil sie

---

[25] Hebdige benutzt den Begriff "to describe the symbolic fit between the values and lifestyles of a group, its subjective experience and the musical norms it uses to express and reinforce its focal concerns." Hebdige, Dick. "Style as Homology and Signifying Practice". *On Record – Rock, Pop and the Written Word.* Hg. Simon Frith und Andrew Goodwin. London: Routledge, 1990: 56.

[26] Henry, *Break All Rules*, 2.

sich ohne theoretischen Hintergrund von der Wahl der Mittel angesprochen fühlten. Daneben gab es die Strömungen in der Punkbewegung, die mit ihren Inszenierungen in erster Linie konkrete politische Ziele verfolgten. Trotz einer eher ablehnenden Einstellung vieler Punkprotagonisten gegenüber dem Konzept der kulturellen Avantgarde war der Vergleich mit Dada von Anfang an präsent:

> Die Inszenierung des Selbst – als irritierende, schockierende Kunstform und Stil – hat Vordenker und Vorläufer. Da sind die Dadaisten und Futuristen der 20er Jahre zu nennen, mit ihrer Demontage und zynischen Leichenfledderei des herkömmlichen Kunstbegriffs, mit ihrem bürgerschreckenden Angriff auf den künstlerischen Akt als solchen, mit ihrer Raserei gegen Konventionen und Normen, wie mit ihrer unzugänglichen und hintersinnigen Metaphorik. Unter dem Imperativ des Sakrilegs wurden Kunst und Alltag für sie konzeptuell ununterscheidbar.[27]

Über diese Anlehnung an dadaistische Traditionen – die trotz der permanenten Suche nach den Wurzeln von Punk immer vage blieb[28] – hinaus gab es Anknüpfungspunkte an andere kulturelle Strömungen:

> In striving to build an aesthetic that they felt was meaningful to their lives, punks used many of the same revolutionary tactics employed by members of early avant-garde movements: unusual fashions; the blurring of boundaries between art and everyday life; juxtapositions of seemingly disparate objects and behaviors; intentional provocation of the audience; use of untrained performers; and drastic reorganization (and disorganization) of accepted performative styles and procedures.[29]

Henry beispielsweise konstatiert eine Verbindung zur expressionistischen Tradition:

> In its actual staging, punk performance bears a strong resemblance to expressionist performance. [...]. As opposed to the contemplative, fragile and dreamlike nature of symbolist performance, punk, like expressionism, is assertive, assaultive, and very much here and now.[30]

Punk artikulierte sich durch eine deutliche Körpersprache und durch eine emotional konfrontative Haltung. Jedoch gab es im Punk auch noch eine

---

27 Naumann/Penth, "Stiltransit", 120.

28 "In den frühen Tagen des Londoner Punk fand sich kaum ein Artikel zum Thema, in dem das Wort 'Dada' fehlte: Punk sei 'wie Dada', sagten alle, doch keiner erklärte, warum, ganz zu schweigen davon, was das heißen sollte. Anspielungen auf Malcolm McLarens angebliche Kontakte zu der geheimnisvollen 'S.I.' [Situationistische Internationale] wurden in der britischen Poppresse als Insiderwissen gehandelt, aber dieses Wissen brachte einen anscheinend nicht weiter." Marcus, *Lipstick Traces,* 24-5.

29 Henry, *Break All Rules,* 1.

30 Henry, *Break All Rules,* 5.

weitere Ebene, die aus Henrys Zitat nicht hervorgeht. Zwar bediente sich Punk einer deutlichen Expressivität, stellte aber gleichzeitig die Echtheit dieses Ausdrucks, die Authentizität der zum Ausdruck gebrachten Gefühle, in Frage. Es ging bei Punk nicht, wie so oft in der Rock- und Popmusik, darum, Mitgefühl für eine gequälte Seele zu wecken. Vielmehr werden in der Punkbewegung menschliche Bedürfnisse vollständig in Frage gestellt und emotionale Äußerungen durch konfrontative Statements ersetzt. Es gab auch Punkbands, die konkrete Lebensumstände nicht einfach negierten, sondern sich um die Artikulation sozialer Entfremdung bemühten. Auch hier ging es jedoch eher darum, '*realness*' und Glaubwürdigkeit zu vermitteln, als um die Artikulation universeller Gefühle.

Artifizialität war ein wichtiges Element der Punkästhetik. Das so kultivierte 'Plastikimage' neutralisierte die artikulierte Wut, machte sie gleichzeitig aber auch unberechenbar. Das Sabotieren von Erwartungshaltungen war zentral für Punk:

> Their activities were intended to conform to true Situationist practice, which aimed imaginatively to disrupt the everyday life of capitalism in order to expose its oppressive nature.[31]

Die Entmystifizierung des täglichen Lebens war ein Anliegen der Punkbewegung. Ein Mittel, dies umzusetzen, war die Störung des Kulturbetriebs[32]. Daß dieser Ansatz im Laufe der Zeit neue Mythen schaffte (so wurden Punkbands posthum genau so irrational verehrt wie andere Rock- und Popstars), ist aus heutiger Sicht nicht weiter verwunderlich, stellte damals aber jedoch das Selbstverständnis und die Daseinsberechtigung von Punk in Frage[33]. Im Kontext der 70er Jahre war der Ansatz, mit dem sich Punkbands präsentierten, etwas radikal Neues:

> Today it is evident, to the point of tedium, that every new pop group or performer has a ready-made manifesto. In early 1976 however, the keywords were either a carefully constructed authenticity or a musician's humility. In direct contrast, the Sex Pistols were an explosion of meaning encoded in their

---

31 Laing, *One Chord Wonders*, 126.

32 Marcus beschreibt McLarens Anspruch folgendermaßen: "Falls sich zeigen ließ, daß Rockmusik, Mitte der Siebziger als herrschende Ausnahme des öden gesellschaftlichen Lebens ideologisch konzessioniert, lediglich das glänzendste Rädchen im herrschenden Getriebe war, könnte eine Entmystifizierung des Rock'n'Roll zur Entmystifizierung des gesellschaftlichen Lebens führen." Marcus, *Lipstick Traces,* 59.

33 "When it became clear to the band that the Sex Pistols were on the brink of achieving the superstar status that they had initially condemned as representative of all that was wrong with the music industry, they broke up the band. Part of this process of the self-destruction of the Sex Pistols continued with Johnny Rotten's attempts to demythologize the band and disclaim all theories that they were anything but a loud rock'n'roll band." Henry, *Break All Rules*, 114.

clothes, their choice of songs, their action photos printed in stark black and white, their photocopied handbill and press release, and the inflammatory slogans.[34]

Dabei handelte es sich um sorgfältige Inszenierungen, teilweise mit klaren Referenzen auf die genannten avantgardistischen Bewegungen, teilweise auch einfach um Dekonstruktionen von Rock- und Popkultur, die den Authentizitätsmythos in Frage stellten. Dieser Umgang mit der Konstruktion von Authentizität ist, wie sich auch im Hinblick auf die '*gender*'-Thematik zeigen wird, für das Verständnis von Punk wichtig:

> As the new generation, the Sex Pistols were a finely tuned mixture of the authentic and the constructed. The members of the group embodied an attitude into which McLaren fed a new set of references: late-sixties radical politics, sexual fetish material, pop history and the burgeoning discipline of youth sociology.[35]

Auf der einen Seite verstanden sie sich als Rebellen, auf der anderen Seite verweigerten sie eine klare Kritik an den gesellschaftlichen Zuständen, die vom Mainstream eindeutig hätte verstanden werden können (wie z.B. die Anti-Vietnamskriegsbewegung der Studenten und Hippies als Aussage vom Rest der Gesellschaft durchaus verstanden, wenn auch nicht unbedingt geteilt wurde). So gab Punk seiner Rebellion selten ein klares Ziel.

An dieser Stelle ist es notwendig, die oben angesprochenen zwei Lager im Punk zu beschreiben, die '*arties*' und die '*social realists*'. Diese Aufsplittung war für viele der Widersprüche innerhalb der Punkbewegung verantwortlich. Laing sieht einen "implicit aesthetic contrast between the 'realist' and the 'avant-garde' impulses in punk"[36]. Schon in der Anfangsphase von Punk läßt sich die Herausbildung zweier Grundrichtungen beobachten. Zum einen gab es diejenigen, die sich dem Brechen ästhetischer Konventionen verschrieben hatten und sich in den oben beschriebenen intellektuellen und avantgardistischen Traditionen sahen, die sogenannte '*art-school*'-Fraktion ('*arties*'). Daneben existierten die sogenannten '*social realists*', die mit ihrem Auftreten vor allem soziale Mißstände artikulieren wollten[37].

Natürlich ist die Unterscheidung in Vertreter von '*art school*' und '*social realism*' arbiträr, weil die meisten Bands Elemente von beidem in sich vereinten[38]. Darüber hinaus wäre es verfehlt, die Inszenierungen der '*social*

---

34 Savage, *England's Dreaming*, 162.

35 Savage, *England's Dreaming*, 163.

36 Laing, *One Chord Wonders*, 129.

37 Vgl. Graham, Dan. *Rock my Religion – Writings and Art Projects 1965-1990*. Hg. Brian Wallis. Boston: Massachusetts Institute of Technology, 1993: 100.

38 "The crossing of a male working-class style with art school bohemia, [...], was central to punk [...]." Chambers, *Urban Rhythms*, 180. Vgl. auch: "Punk rock was an extremely

realists' als Ausdruck eines 'echten' Bewußtseins und die der '*arties*' als reine '*performance*' zu verstehen, wie es oft in der kritischen Bewertung von Punk geschehen ist. Vielmehr sind beide Ansätze performativ und geben wenig Information über 'reale' Hintergründe der Künstler, jedoch Auskunft über deren Anspruch[39]. Auch der Rückgriff auf eine authentische '*realness*' bei klassenbewußten Punks ist ein Mittel, um einen performativen Effekt zu erzielen.[40] Wenn Kunst behauptet, politische oder generell 'reale' Inhalte zu vermitteln, ist diesem Anspruch nichtsdestotrotz ein performatives Element immanent. So ist auch die Konstruktion des Rebellen, der sich außerhalb der konformen Gesellschaft befindet, als Inszenierung zu verstehen. Aus gesellschaftskritischen Aussagen eine herkunftsbedingte Essenz, eine zwangsläufige Artikulation von beispielsweise ethnischen oder klassenspezifischen Interessen abzuleiten, bedeutet, die Form mit dem Inhalt gleichzusetzen. Interessante Beispiele hierfür sind sowohl die 'Sex Pistols' (als eher kunstorientiert) als auch 'The Clash' (als Band mit sozialem Bewußtsein)[41]. Während die 'Sex Pistols' ihrer Herkunft nach tatsächlich aus einer unterprivilegierten Schicht kamen, waren 'The Clash' vor ihrer Musikerkarriere Kunststudenten[42]. Trotzdem artikulierten 'The Clash' die Interessen unterprivilegierter Gruppen, während die 'Sex Pistols' auf

---

heterogeneous cultural movement. [...]. On the one hand, it aimed to *undermine* the structure of that discourse (by threatening the stability of the performer/audience distinction, for instance), on the other it wished to set up an alternative discourse, with its own conventions and routines (the establishing of generic sounds and visual images recognizable as 'punk')." Laing, *One Chord Wonders*, 129. Siehe auch Brake, Mike. *The Sociology of Youth Culture and Youth Subcultures – Sex and Drugs and Rock'n'Roll*. London, Boston und Henley: Routledge & Kegan Paul, 1980: 81.

39 Vgl. Laing, *One Chord Wonders*, 121-125. Siehe auch: "[...] punk was not an exclusive club made up of poor people interested in social rebellion. It was an artistic movement that attracted people from many walks of life for a variety of reasons." Henry, *Break All Rules*, 67.

40 "Die Protagonisten des Punk entstammten eher einer 'Punk-Boheme', die eine viel umfassendere Erfahrung als nur die Arbeitslosigkeit aufgriffen und in eine neue Form des 'radical chic' und der 'street credibility' ummüntzen." Naumann/ Penth, "Stiltransit", 121.

41 "From very early on the Clash were paired with the Sex Pistols, each representing one side of punk's soul. The Clash were punk's super ego: socially committed (if seldom politically affiliated), idealistic and generally more life affirming. The Sex Pistols were punk's id: unbridled negativity, oscillating between rage and self-abuse, ultimately tending towards solipsism and self-destruction. The Clash were about bonding, about creating a sense of 'we', a unity of disaffection. The Sex Pistols were about breaking bonds; their art was a theatre of tyranny and abjection." Reynolds/ Press, *Sex Revolts*, 67-8.

42 "The Clash were steeped in that same British art-school tradition that had provided the creative launchpad for many seminal UK rock'n'roll artists of the previous decade." Boot/ Salewicz, *Punk*, 73.

nihilistische Weise alles hinterfragten. 'The Clash' konstruierten sich als '*working class heroes*', während die 'Sex Pistols' ihre Herkunft kaum thematisierten[43].

Der Umstand, daß die meisten Bands nicht eindeutig dem einen oder anderen Strang zuzurechnen waren, führte oft zu Verwirrung bei der Suche nach der Aussage von Punk. Diese beiden Konzepte schließen sich in weiten Teilen aus, und verlangen so von den Künstlern eine ambivalente Inszenierung, die sowohl Negation als auch alternative Szenarien beinhaltet[44]. Das Dilemma der politisch bewußten Punkbands war, daß sie nicht vollständig mit dem kulturellen und sozialen Kontext brechen durften, weil sonst ihre Botschaft wirkungslos geworden wäre. Andererseits gehörte es zum Konzept von Punk, klare Aussagen zu verweigern:

> After all, punk was not directly a response to anything; its own rhetoric and practice was largely built around an absence, a refusal to be defined. This 'refusal', however, whether consciously or involuntarily, was a gesture that existed on the obverse side of the public representations of 'crisis' and political emergency.[45]

Mit der vorangegangenen Kritik an der Konstruktion von rebellischer, politisch opponierender Identität soll nicht in Frage gestellt werden, daß die rebellischen Ausdrucksformen und damit verbundene politische und gesellschaftliche Forderungen im Punk, besonders aber im Rap reale soziale Hintergründe haben[46]. Vielmehr geht es darum zu zeigen, daß zwischen der sozialen Basis und der individuellen Artikulation kein kausaler Zusammenhang besteht und daß der Anspruch, für eine benachteiligte gesellschaftliche Gruppe zu sprechen, oft eher der Inszenierung des rebellischen Subjekts dient, als daß es einer 'authentischen' Befindlichkeit oder einem klaren politischen Bewußtsein entspringt.

Im Zusammenhang mit der Frage nach Authentizität ist wichtig, zu eruieren, inwiefern Punk sich in die Tradition der Rockmusik stellte:

> Both punk rock's supporters and detractors in 1976-7 emphasized the ways in which it was alien to the contemporary musical mainstream: its do-it-yourself stance, its lack of musical sophistication and its concern with different and taboo lyric-subject-matter. And the eagerness of both sides to see punk as 'new' for their own reasons, clouded how far it represented a re-working of

---

43 Vgl. Savage, *England's Dreaming*, 282.

44 "Punk was a genre shot through with paradox at every level. It contained elements of a subculture and of an avant-garde, the one building identity, the other subverting it." Laing, *One Chord Wonders,* 131.

45 Chambers, *Urban Rhythms,* 184.

46 "Punk was not merely a fashion trend or a male brotherhood, but a social movement with, as we shall see, its own distinct philosophy." Henry, *Break All Rules,* 71.

> motifs familiar from rock music history: the battle of the entrepreneur against the corporation, for example, or the narcissism of some lyrics and the social protest of others.[47]

Wie oben ausgeführt, waren bestimmte Inszenierungen von Rebellion und Authentizität, und damit auch von Männlichkeit, für das Funktionieren von Rock- und Popmusik essentiell. Für die Interpretation von Männlichkeit im Punk ist die Frage nach der Verwurzelung von Punk in den Traditionen der Rock- und Popmusik zentral. Wie in der Einleitung schon ausgeführt, ist die Positionierung eines Genres innerhalb des Kontextes der Rockmusik oft ideologisch motiviert. Sie dient nicht unbedingt der Erklärung, wo die Wurzeln eines Genres zu finden sind. Vielmehr wird auf einen Diskurs Bezug genommen, der sehr emotional geführt wird[48], dessen Grundannahmen jedoch selten präzisiert werden. Die Konnotationen von Rock- und Popkultur werden kaum erklärt, nichtsdestotrotz zur eigenen Positionierung gerne genutzt. Auch für die Punkbewegung war ihre eigene Verbindung zur Rock- und Popkultur sehr umstritten:

> Even as it seemed to celebrate anarchy and the pure negativity of its deconstruction (the insanity, dissonance, its threatening difference), even as it projected a potentially expansive pluralism of apparatuses and styles (a pluralism that could arise only after punk celebrated its own death), it reencapsulated rock and roll within a surprisingly circumscribed range of sounds, styles and attitudes. It celebrated rock and roll as the music of manic fun and risk even as it called that attitude into question.[49]

Punk nahm in seiner Ästhetik Bezug auf etablierte Zeichen und Ikonen (wie etwa die englische Königin), die durch eine konfrontative Rekontextualisierung dazu benutzt wurden, sich jenseits der gesellschaftlichen Konventionen zu positionieren. Ein wichtiges Element von Punk war das Interesse am Schockieren. Henry bezeichnet die Protagonisten der Punkbewegung als 'cultural terrorists', die mit groben Methoden neue Wahrnehmungsformen und neue Interpretationen des Gesehenen einforderten[50]. Ein solcher Ansatz kann jedoch immer nur eine temporäre Wirkung haben, da der kulturelle Mainstream neue Konzepte meist schnell integriert:

---

47 Laing, *One Chord Wonders*, 32.

48 So betont Grossberg: "[...] credence is given there to the most idealizing and mystificatory discourses to be found in the whole range of media reporting." Grossberg, "Rather Feel Bad", 94.

49 Grossberg, "Is There Rock after Punk", 118.

50 Vgl. Henry, *Break All Rules*, 65.

> As images became familiar to audiences, their impact weakened and newer, more extreme methods were employed.[51]

Der Anspruch von Punk, Muster der Wahrnehmung und der Interpretation zu dekonstruieren und in Frage zu stellen, wurde oftmals mißverstanden:

> The media accepted at face value punk's images of social violence because it wasn't neutralized by conventional forms of representation. What the media didn't see was that punk was *representing the representation.*[52]

Dieser Aspekt ist wesentlich für das Verständnis von Punk. Obwohl Punk sich außerhalb der Gesellschaft positionierte, war er doch extrem abhängig von den Zeichen, die die Gesellschaft produzierte, da er sich permanent auf sie bezog. Anders als bei den Hippies, die versuchten, ein kulturelles Gegenkonzept zu schaffen, gab es im Punk keine universellen Wahrheiten, die es umzusetzen galt. Die Aussagen im Punk repräsentierten keine absoluten Werte, sondern nur Reaktionen auf den kulturellen Kontext. Viele Mißverständnisse über Punk sind nicht verwunderlich, wenn Aussagen nicht als Reaktion, egal wie diffus und unkonkret, sondern als Glaubensbekenntnis verstanden wurden.

Die Protagonisten der Punksubkultur wurden in den Medien oft als '*blank generation*' bezeichnet. Der amerikanische Punksänger Richard Hell beschreibt in dem gleichnamigen Stück den Zustand wie folgt: "I belong to the blank generation/ And I can take it or leave it each time"[53] .

Die Vorstellung von Identität im Punkkonzept ist ambivalent. Einerseits verfolgt Punk eine Anti-Ästhetik, die sich sozusagen als Negativ zu bestehenden gesellschaftlichen Werten definiert[54] und somit der Punkidentität einen relativ klaren Rahmen gibt. Andererseits wird diese einfache Verschlüsselung als 'außenstehend' häufig durchbrochen und durch einen polysemischen Ansatz ersetzt, der durch den Überschuß an Bedeutung Distanz zu etablierten kulturellen Konzepten, und somit auch zu einem einfach strukturierten Anti-Konzept, schafft[55] .

---

51 Henry, *Break All Rules,* 33.

52 Graham, *Rock My Religion,* 77.

53 Hell, Richard. "(I Belong to) The Blank Generation". zitiert in: Henry, *Break All Rules,* 55.

54 "That oppositional role was crucial to the maintaining of an identity through a 'negative unity'." Laing, *One Chord Wonders*, 38.

55 "Polysemy can be defined as 'many meaninged' and is used in semiology to point to the fact that the seperate existence of signifier and signified precludes any simple one-to-one relation of meaning between them, and allows for a certain free play of the signifier. Potentially not one but several meanings can be generated." Laing, *One Chord Wonders*, XII.

Trotz der so entstehenden Irritation bezüglich Inhalt und Bedeutung von Aussagen bietet diese Weigerung, Sinn zu produzieren, auch Chancen für alternative Konzepte von Repräsentation:

> Reframed as resistance to cultural interpellations, an 'identity in the lack of identity' becomes an effective position from which to speak, destabilizing preconceived binary categories of self-representations, such as radical and conservative, pose and identity, emotion and performance.[56]

Obwohl in diesem Zitat nicht explizit angesprochen, sind auch binäre Geschlechterzuschreibungen von der Auflösung identitätsstrukturierender Kategorien betroffen, da auch Begrifflichkeiten wie Pose als Gegenüber von Identität oder Gefühl als Gegenüber von Performanz '*gender*'-Konnotationen haben, wie am Beispiel von Authentizität beschrieben.

Trotz der Widersprüchlichkeiten, auf die man bei der Interpretation von Punk stößt, gibt es einige Grundthemen. So läßt sich beispielsweise ein '*anti-emotionalism*'[57] beobachten, der sich durch alle Fraktionen der Punkbewegung zieht, entweder unter dem Aspekt, daß Gefühle beim Befreiungskampf hinderlich sind, oder, daß Gefühle die Schwäche und Banalität des Menschen zum Ausdruck bringen.

Neben diesem '*anti-emotionalism*' gibt es auch Arbeitstechniken, die für Punk charakteristisch waren. Punk trifft seine Aussagen durch eine Rekontextualisierung bestehender Zeichen. Das Prinzip der Collage ist, insbesondere bei der Kleidung, ein wichtiges Stilmittel. Hier werden Objekte aus verschiedenen Zusammenhängen zu einem neuen Gesamtbild verbunden. Die konkrete Anwendung dieser Techniken wird unter 5.2. näher beschrieben.

Ein weiterer, wesentlicher Punkt in der Strategie von Punk war es, bestehende Hierarchien, sei es innerhalb der Band oder zwischen Musikern und Publikum, in Frage zu stellen. Es ging weniger um Professionalität als um spontanen Ausdruck. Technisches Können war keine Vorbedingung, um sich Ausdruck zu verschaffen. Punk schaffte neue Strukturen in der Musikindustrie und in der Kommunikation zwischen Interpret und Fan, wie z.B. neue,

---

56 Fuchs, "Alternative Masculinities", 176.

57 "The use hints of perverse sexuality, sado-masochism, bondage and promiscuity was a deliberately anti-emotional element of [the Sex Pistols] style." Brake, *Sex and Drugs,* 81. Coon zitiert Johnny Rotten, Sänger der Sex Pistols, wie folgt: "You can't love anything. Love is what you feel for a dog or a pussy cat. It doesn't apply to humans and if it does it shows how low you are. It shows that your intelligence isn't clicking." Coon, Caroline. *1988 – The New Wave Punk Rock Explosion*. London: Orbach and Chambers, 1977: 59. Und zum Thema Sex: "So by the time you're twenty, you just think – yawn – just another squelch session." 55-6. Ähnliches läßt sich über andere Punkbands sagen. Savage zitiert Clash-Sänger Joe Strummers Standpunkt: "'Don't write about love, write about what is affecting you, what's important'. We were strict." Savage, *England's Dreaming,* 232.

weniger kommerziell ausgerichtete Veranstaltungsorte, von den großen Konzernen unabhängige Plattenlabels und Fanzines als ökonomisch und inhaltlich unabhängige Magazine. Vor dem Hintergrund der 70er Jahre stellte die Punkbewegung einen radikalen Bruch mit Konventionen der Entertainmentindustrie dar.

4. Geschichtlicher Abriß und die Konzepte des Rap

Im folgenden soll, ähnlich wie im vorangegangenen Kapitel über Punk, der historischen Entwicklung von Rap und der Hiphopkultur nachgegangen werden. Dabei ist die öffentliche Diskussion über Rap entscheidend für die Entwicklung des Genres gewesen. Dieser Dynamik soll im Rahmen eines historischen Abrisses unter 4.1. nachgegangen werden. Im nächsten Unterkapitel folgt eine Einführung in die Grundlagen der Rapkultur, insbesondere in die Frage, welche Bedeutung das Konzept Authentizität im Rap hat.

4.1. Geschichte des Rap

Der Begriff 'Rap Music' tauchte zum ersten Mal 1976 auf[1]. Doch unabhängig von einer solchen Kategorisierung existierte Rap als Partymusik schon seit den frühen 70er Jahren[2]. Die zu solchen Straßenkonzerten benötigten zwei Plattenspieler, mit denen ein DJ (*DiscJockey*) alte Schallplatten zu neuen Stücken zusammenmischte, über die dann vom MC *(Master of Ceremony)* ein neuer Text gerappt wurde, stellten eine billige und zugleich kreative Art der Live-Performance dar. Vergleichbar mit den Jahren, in denen sich Vorläufer des Punk in einer relativ geschlossenen Subkultur entwickeln konnten, war diese Kultur auf afroamerikanische Wohngebiete, vornehmlich in New York, beschränkt. Erst im Jahre 1980 schaffte mit 'Sugarhill Gangs' "Rapper's Delight" ein Rapstück den Sprung in die Hitparaden. Dies hatte zur Folge, daß Rap auch für eine weiße Klientel interessant wurde. In den frühen 80er Jahren gab es einige erfolgreiche Rapper, wie z.B. 'Afrika Bambaataa' und 'Grandmaster Flash and the Furious Five'. Ein verbreitetes Subgenre von Rap war der '*socially conscious*' Rap (das berühmteste Beispiel hierfür ist wohl 'Grandmaster Flashs' "The Message", das 1982 herauskam und ein großer Hit

---

1 Vgl. Morley, "Rap Music", XV. Der Begriff 'Rap' an sich existiert schon länger. "Since the late forties, 'rap' has meant to hold a conversation; a long impressive, lyrical, social or political monologue; rapid, clever talk; rhyming monologue, conversation as a highly self-conscious art form." Major, Clarence. *Juba to Jive – A Dictionary of African-American Slang*. New York: Penguin, 1994: 377.

2 "Although historians and critics will likely quibble over the exact time, old-school masters like Afrika Bambaataa, Grandmaster Flash, and Kool Herc generally agree that rap was born in 1974 in the South Bronx." Perkins, William Eric. "The Rap Attack: An Introduction". *Droppin' Science – Critical Essays on Rap Music and HipHop Culture*. Hg. William Eric Perkins. Philadelphia: Temple University Press, 1996: 5.

wurde), der sich auch als nachhaltig einflußreicher Stil erweisen sollte. Trotz der Sozialkritik, die diese Rapper artikulierten, war der Grundtenor nicht so nihilistisch und pessimistisch wie bei den Formen von Rap, die sich in den späten 80 Jahren durchsetzen und dieses Genre bis heute wesentlich mitprägen sollten[3].

> In recent years, rap has gained a deserved reputation for capturing the grimmer realities of black urban life. Yet in its early days rap was generally exuberant and upbeat. [...]. Even in its more socially conscious forms, early rap was devoted more to uplift than to anger.[4]

In den folgenden Jahren etablierten sich einige Rapformationen auf dem US-amerikanischen Musikmarkt. Zu dieser zweiten, kommerziell erfolgreichen Welle im Rap gehörten Künstler und Formationen wie 'LL Cool J' und 'Run D.M.C.'. Insbesondere jene, die sich etablierter Rockkonventionen[5], musikalisch sowie auch in ihrer Art der Repräsentation (z.B. 'Run D.M.C.' in ihrer Zusammenarbeit mit der Rockband 'Aerosmith') bedienten, hatten auch bei der weißen Jugend Erfolg.

Diese Entwicklung des kulturellen Crossovers setzte sich aber nicht weiter fort, obgleich es auch erfolgreiche weiße Rapper gab, wie etwa die 'Beastie Boys'. Nach einer kurzen Phase der Stagnation Mitte der 80er Jahre kam es zu einer Konsolidierung von Rap als Träger afroamerikanischer Inhalte. In diesem Prozeß spielten 'Public Enemy', die sich selbst einmal als '*black CNN*'[6] bezeichnet haben, eine wesentliche Rolle:

> If rap had crossed over, however tentatively, Public Enemy was not going to allow anyone to forget that this music came from the streets and that no rappers should feel any responsibility to take it away from there. Having found a pop audience and the kind of mass acceptance any pop form strives for from

---

3 "As it evolved, rap began to reflect critically upon the terrain of its genesis, describing and scrutinizing the social, economic, and political constituents that led to its emergence and development: drug addiction, police brutality, teen pregnancy, and various forms of material deprivation." Dyson, Michael Eric. "Performance, Protest and Prophecy in the Culture of Hip-Hop". *The Emergency of Black and The Emergence of Rap: A Special Issue of Black Sacred Music.* A Journal of Theomusicology. Vol. 5 No. 1 (1991): 13. Trotz dieser Einschätzung gesteht er zu, daß Rap nicht nur urbane Ghettos repräsentiert: "This is not to suggest that rap has been limited to the 'ghetto poor', but only that its main ingredients (major themes and styles) continue to be drawn from the complexities, conflicts, and contradictions of black urban life." Dyson, "Performance", 17.

4 Morley, "Rap Music", XXII.

5 "Rap was established as a viable pop form, at least as long as its connections to the traditional rock & roll spirit were made explicit." Light, Alan. "About a Salary or Reality? – Rap's Recurring Conflict". *The South Atlantic Quarterly*. Vol. 90 No. 4 (1991): 861.

6 Light, "Salary or Reality", 863.

its inception, rap was now faced with the challenge of retaining its rebel stance and street-reality power.[7]

'Public Enemy' haben einen politischen, aufklärerischen Anspruch. In ihren Texten geht es um die Probleme der afroamerikanischen Bevölkerung in den Ghettos der US-amerikanischen Großstädte (obwohl die Mitglieder von 'Public Enemy' aus der schwarzen Mittelschicht kamen und sich am College kennengelernt hatten). 'Public Enemy' leisten dabei eine politische Analyse, die gesellschaftliche Strukturen kritisiert und auch Schuldige an den Zuständen benennt. Trotz dieser inhaltlichen Radikalisierung wurde Rap immer erfolgreicher. Während Rap bis tief in die 80er Jahre hinein weitgehend ein auf New York begrenztes Phänomen geblieben war, entstanden 1987/88 in anderen Teilen der Vereinigten Staaten neue Zentren der Rapkultur, die oft einen eigenen Sound und eine neue Ästhetik schufen. Der sogenannte 'Gangsta' Rap, ein Subgenre, das bald in vielen Medien als Synonym für die gesamte Rapkultur benutzt wurde, bildete sich an der Westküste, vor allem in Los Angeles, heraus. Die erste Band, deren Musik als 'Gangsta' Rap bezeichnet wurde, war 'N.W.A.' (Akronym für Niggaz With Attitude). 'Gangsta' Rap befaßte sich, wie der politische Rap, mit dem Leben in den amerikanischen Ghettos, nahm dabei jedoch keine aufklärerische Position ein, sondern eher die eines Reporters von der Straße, der aus der Ich-Perspektive berichtet[8]. Politische Lösungsvorschläge fehlen dabei weitgehend. Die im 'Gangsta' Rap beschriebene Gewalt löste in der amerikanischen Öffentlichkeit eine heftige Diskussion und den Ruf nach Zensur aus. Sowohl der politische Rap, oft auch als '*message rap*' bezeichnet, als auch 'Gangsta' Rap gehören zur dritten Phase in der Entwicklung von Rap[9].

Nach der Polarisierung und dem Rückzug auf extreme Positionen in den späten 80er Jahren wurde Rap in den 90er Jahren wieder facettenreicher und hybrider in seiner Vermischung mit anderen Musikstilen, wie etwa dem Rhythm & Blues, aber auch 'weißen' Genres (so wurden immer häufiger Samples von weißen Pop- und Rockbands in Rap integriert). Inhaltlich bezog Rap sich jedoch weiter auf afroamerikanische Themen. Dies wirkte sich zunehmend auf die Rezeption von Rap aus. So wurden Rap und die Probleme

---

7 Light, "Salary or Reality", 863.

8 Vgl. Kelley, Robin. "Kickin' Reality, Kickin' Ballistics: Gangsta Rap and Postindustrial Los Angeles". *Droppin Science: Critical Essays on Rap Music and Hip Hop Culture*. Hg. William Erik Perkins. Philadelphia: Temple University Press, 1996: 124. Siehe auch Toop, David. *Rap Attack*. London: Serpent's Tail, 1991. (dt. Übers. von Diedrich Diedrichsen. *Rap Attack – African Jive bis Global HipHop*. St. Andra-Wörden, Österreich: Hannibal Verlag, 1992.): 207.

9 Vgl. Allen, "Message Rap", 161.

der schwarzen, urbanen Bevölkerung in den Medien als Synonym betrachtet[10].

Die Entwicklung des Rap war von einer permanenten kritischen Reflexion begleitet. Dies geschah nicht nur in den Medien, sondern auch von akademischer Seite aus. Der Grund hierfür ist sowohl in einem starken Interesse afroamerikanischer Intellektueller an den Entwicklungen in der schwarzen Kultur als auch in dem fast obsessiven Interesse der amerikanischen Öffentlichkeit an der schwarzen '*community*' zu sehen.

Hinzu kommt, daß heutzutage – im Vergleich zu den Jugend- und Subkulturen, die in den 70er Jahren oder früher entstanden – neuen Entwicklungen vom kulturellen Mainstream ein sehr viel größeres Interesse entgegengebracht wird. Die Zeitspanne zwischen Aufkommen eines Trends und seiner kommerziellen und medialen Aufbereitung wird immer kürzer. Diese Faktoren führten zu einem großen öffentlichen Interesse an Rap.

Dabei wird die kritische Auseinandersetzung mit Rap sehr moralisierend geführt. Das Genre wird permanenten Bewertungen unterzogen. So geht es in der Diskussion beispielsweise darum, inwiefern Rap authentisch ist oder sich kommerziellen Versuchungen beugt. Auch ob die soziale Relevanz des Genres die teilweise sehr machistischen Posen wenn nicht legitimiere, so doch zumindestens tolerierbar mache, wird in diesem Zusammenhang diskutiert[11]. Diese Diskussion ist geprägt von der Bemühung, zwischen 'gutem' und 'bösem', 'sinnvollem' und 'stupidem' Rap zu unterscheiden:

---

10 "As the 1980s wore on, rap became increasingly identified, at least among whites, with the chaos of black life in poor urban neighborhoods." Morley, "Rap Music", XXV.

11 Perkins' Aussage ist beispielhaft für die moralische Bewertung von Rap: "The gangsta rap craze reflects the twin maladies of deindustrialization and lumpen proletarization. […]. It bears no resemblance to the message-oriented, political, or neonationalist genres of rap but instead celebrates hustling, street crime, women abuse, and the gun as social equalizer". Perkins, "Introduction", 18-9. Auch Craddock-Willis versucht, das 'Gute' vom 'Bösen' im Rap zu trennen: "At its best, Black music refuses to accept bourgeois cultural norms of expression as absolute and is therefore a profound extension of the Afro-American prophetic tradition. Yet, at its worst, Black rap music merely reflects dominant values." Craddock-Willis, Andre. "Rap Music and the Black Musical Tradition: A Critical Assessment". *Radical America.* Vol. 23 No. 4 (1989): 36. Eine sinnvolle Perspektive auf die Vielschichtigkeit von Rap hat Potter: "In their material icons, as with their political messages, hip-hop texts themselves are no less conflicted than the multiple cultural positions which produced them. […]. In liberal circles, it's commonplace to lament that rap's revolutionary potential is 'marred' by these subtexts, but in the heteroglossaic space of hip-hop, there is no way to filter out the 'noise' – in a sense the very desire for some 'pure' revolutionary spirit, unmarred by other struggles, discloses a kind of pre-modernist nostalgia for a world in which ethics and politics are less conflicted." Potter, *Spectacular Vernaculars*, 14-5. Auch wird immer eine Unvereinbarkeit von authentischem Ausdruck und Massenkonsumtion beklagt, die unterschlägt, daß genau diese Konstruktion von Authentizität den Konsum dieses Genres erst attraktiv macht.

> In der US-amerikanischen und britischen Diskussion, die sich seit damals um Rap und Hiphop rankten, wird das Verlangen deutlich, diese grundsätzliche Grenzziehung zwischen Zentrum und Peripherie, Subversion und Dominanz aufrechtzuerhalten[12].

Diese Art des Diskurses liegt darin begründet, daß Rap und die afroamerikanische '*community*' oft als Synonym betrachtet werden. Der Umstand, daß Rap als Sprachrohr der schwarzen Bevölkerung verstanden wird, führt dazu, daß bei der Betrachtung von Rap das Interesse an den Texten größer als das Interesse an performativen Inszenierungen ist. Diese einseitige Interpretationsweise führt dann zu Mißverständnissen, wenn eine provokante Geste als Absichtserklärung aufgefaßt wird.

Die oben beschriebene Verankerung von Rap als afroamerikanische Artikulationsform spiegelt sich nicht nur in den Texten und in der Musik wider, sondern führt auch zu einer Essentialisierung der kritischen Auseinandersetzung mit Rap. Viele Kritiker gehen von einer kulturellen Essenz aus, für die Hiphop steht und zu der auch nur Afroamerikaner Zugang haben. Baker sieht das Potential von Rap in seiner Exklusivität:

> Unlike rock and roll, rap can not be hastily and prolifically appropriated or 'covered' by white artists. For the black urbanity of the form seems to demand not only a style most readily accessible to black urban youngsters, but also a representational black urban *authenticity* of performance.[13]

An anderer Stelle widerspricht er dieser Einschätzung jedoch mit einem Verweis auf die Hybridität von Rap, der sich nicht nur von afroamerikanischen Traditionen inspirieren läßt, sondern auf verschiedenste kulturelle Einflüsse zurückgreift:

> Microcomputation, multitrack recording, video imaging, and the highly innovative vocalizations and the choreography of black urban youth have produced a form that is fiercely intertextual, open-ended, hybrid.[14]

Dieser Widerspruch ist symptomatisch für den kritischen Umgang mit Rap. Einerseits wird das kreative, weil hybride Potential von Rap als Inbegriff der postmodernen Form gefeiert, andererseits werden gesellschaftlich kontroverse Themen wie '*race*' oder auch das Geschlechterverhältnis in der Diskussion um Rap häufig festgeschrieben und nicht dekonstruiert. Diese Art der Diskursführung verweist darauf, welche Paradigmen bei der Diskussion über afroamerikanische Identität und bei der Bewertung von Rap im Vordergrund

---

[12] Mayer, Ruth. "Schmutzige Fakten – Wie sich Differenz verkauft". *Mainstream der Minderheiten – Pop in der Kontrollgesellschaft*. Hg. Tom Holert und Mark Terkessidis. Berlin: Edition ID-Archiv, 1996: 154.

[13] Baker, *Rap*, 62.

[14] Baker, *Rap*, 93-4.

stehen. Die Kategorie '*race*' überlagert andere Kategorien wie etwa '*gender*' oder Klasse. Rap ist zum Signifikant für viele Konzepte und Diskurse (beispielsweise über den Zustand amerikanischer Innenstädte oder Kriminalität) geworden, deren eigentliches Thema '*race*' ist[15] . Doch trotz der Dominanz der Kategorie '*race*' spielt die Diskussion über die Präsentation von Männlichkeit im Rap eine größere Rolle, als dies bei Punk der Fall war. Das bedeutet jedoch nicht, daß die Verhandlung von '*gender*'-Positionen im Rap eine größere Rolle spielt als bei Punk, sondern vielmehr, daß dieser Verhandlung größere Aufmerksamkeit geschenkt wird. Dies hat in erster Linie damit zu tun, daß die Kategorie '*gender*' erst nach dem Abklingen der Punkbewegung zu einem wichtigen Bestandteil vor allem des US-amerikanischen akademischen Diskurses geworden ist. Darüber hinaus ist die intensive Beschäftigung mit Sexismus im Rap in der Tradition der amerikanischen Kultur zu sehen, die den afroamerikanischen Umgang mit Sexualität mit besonderem Interesse und Argwohn betrachtet.

Dieses öffentliche Interesse an Rap führte auch in den Medien zu einer hitzigen Diskussion. So wurden Inhalte von Texten oder Videos oft sogar in den Schlagzeilen der Hauptnachrichten verhandelt, z.B. im Zusammenhang mit der Anklage gegen die Rapformation '2 Live Crew' aufgrund obszöner Texte[16]. Die Diskussion war oftmals von einer moralischen Entrüstung geprägt, und Rap wurde zum Signifikant für die Folgen ungelöster politischer Probleme. So wurde nicht der Verfall der urbanen Zentren und die ökonomische Benachteiligung der afroamerikanischen Bevölkerung diskutiert, sondern, wie diese Probleme im Rap repräsentiert wurden[17]. Diese Diskussion führte zu unsachlicher Hysterie, bei der teilweise unrepräsentative Ansichten von Rappern in den Mittelpunkt der Diskussion gerückt wurden:

> In the case of rap music, which takes place under intense public surveillance, similar contradictions regarding class, gender and race are highlighted, decontextualized, and manipulated so as to destabilize rap's resistive elements. Rap's resistive, yet contradictory, positions are waged in the face of a

---

15 "Despite the fact that its audiences today are more diverse in terms of race, class and region than any other music, the reception of hip-hop continues to be a central element in highly polarized arguments about race from both white and black communities." Potter, *Spectacular Vernaculars,* 26.

16 Dies stellt eine Parallele zu Punk dar, wo sich, ähnlich wie z.B. bei einigen Formen von Rap, die Auseinandersetzung mit den Medien stark auf die Geschichte des Genres auswirkte. "Die logische Methode, die Karriere von 'N.W.A.' zu schildern, ist, ihren Konfrontationen mit den Medien nachzuspüren, da diese für ihre Bekanntheit entscheidend sind. Entscheidend auch für die Ausnutzung ihres Medien-Images durch sich selbst." Toop, *Rap Attack,* 208.

17 Vgl. Morley, "Rap Music", XXV.

powerful, media-supported construction of black urban America as the source of urban social ills that threaten the social order.[18]

Auf die Rolle der Medien läßt sich in diesem Kontext nur beschränkt eingehen, da die komplexe Dynamik zwischen kultureller Artikulation und ihrer medialen Repräsentation nicht in wenigen Sätzen zu entschlüsseln ist. Zwar ist es so, daß die Medien in die Repräsentation Elemente einbringen, die möglicherweise konträr zu den Absichten des Repräsentierten stehen und so ein reduziertes oder verfälschtes Bild ergeben. In den vorbelasteten Zusammenhängen, wie etwa der Repräsentation des 'Rassen'verhältnisses in den USA, sind solche Verfälschungen besonders prekär. Nichtsdestotrotz ist diese Dynamik differenziert zu betrachten. Das Zitat von Rose suggeriert, daß die Medien Rap eher schaden als nützen. Vielmehr scheint der Fall zu sein, daß die Medien von vielen Rappern sehr bewußt eingesetzt werden, und unter dem Strich ist oft nicht klar, wer wessen ursprüngliche Intentionen sabotiert[19]. Einige der von Rappern angestrebten Repräsentationen sind ohne eine Inszenierung durch die Medien gar nicht möglich. Insofern greift es zu kurz, die mediale Repräsentation als konträr zu den Interessen von Rap zu begreifen.

Vielmehr ist zu beobachten, daß eine Berichterstattung über Musikstile, die deren Abweichung vom gesellschaftlichen Konsens betont, ihnen eher ein größeres Publikum als mangelnde Öffentlichkeit beschert:

> It may seem odd that hip-hop's turn towards a more politicized, uncompromising ethos ended up *broadening* its audience – but no more odd, perhaps, than the fact that the Sex Pistols' uncompromising nihilism and anti-commercialism turned out a smashing commercial success. Somewhere deep down in the ethos of bourgeois culture there is an insatiable thirst for the different, the dangerous, and the dislocated, and hip-hop located that nerve. Whereas most American kids were utterly oblivious to the class politics of British punk, they could not miss the racial politics of rap's message.[20]

4.2. Kulturelles Konzept des Rap

Eine Frage, die immer wieder auftaucht, ist, inwiefern Rap in den Traditionen afroamerikanischer Kunst zu sehen ist oder ob Rap, angesichts der Hybridität des Genres, jenseits dieser Tradition anzusiedeln ist. Ein Punkt, in dem Rap in

18 Rose, *Black Noise,* 104.

19 Beispielsweise macht Chuck D. von 'Public Enemy' Beiträge für den Fox News Channel, und der 'Gangsta' Rapper Ice-T hat eine eigene Fernsehshow ("Players") auf NBC.

20 Potter, *Spectacular Vernaculars,* 51.

der afroamerikanischen Tradition steht, ist der expressive Charakter der Hiphopkultur, der in seinen verschiedenen Facetten (Text, Kleidung, Musik) unter 6.2. näher beschrieben wird. Gay betrachtet diese Expressivität als zentrales Element afroamerikanischer Kultur:

> Black culture is a lifestyle that emphasizes the artistry and aesthetics of being [...]. Thus, Black American Culture is dramatic, it is engaging; it is theatrical! Its expressions, whether verbal, visual or kinetic are laced with allegory, symbolism, metaphor, and imagery. It is, indeed, an oral and participatory, as well as an emotive and artistic culture, in that its vitality depends more on spoken words and ideas, and actions that are seen and experienced, than on mere written words.[21]

Diese Expressivität beeinflußte die amerikanische Populärkultur nachhaltig. Auch wenn sie nicht auf die schwarze Kultur beschränkt ist, sind viele Ausdrucksformen, gerade im musikalischen Bereich, eng mit der afroamerikanischen Kulturgeschichte verwoben. Expressivität soll, wie in der Einleitung schon ausgeführt, in diesem Zusammenhang nicht als essentialistisches Konzept, sondern als historisch gewachsene Kommunikationsebene verstanden werden. Die Diskussion, inwiefern Rap ein Ausdruck schwarzer Kultur ist, wird oft sehr emotional geführt, und so werden Teilaspekte dieser Kultur mit Bedeutung überfrachtet, was zu der beschriebenen Vermischung der Diskurse über '*race*' und Rap führt. Die Essentialisierung von Rap als afroamerikanische Ausdrucksform steht einer eklektizistischen und offenen kulturellen Praxis gegenüber. Diese Praxis soll im folgenden interpretiert und der Konzeption von Punk gegenübergestellt werden. Dabei soll nicht die Analyse von Expressivität und Performanz in Kapitel 6 vorweggenommen, sondern vielmehr deren theoretischer Hintergrund ausgeleuchtet werden.

Wie Punk ist auch Hiphop sehr visuell in der Präsentation seiner Ideen. Es dominiert eine deutliche Ikonographie, und Ideen werden durch einen konfrontativen Stil veranschaulicht. Ähnlich wie im Punk ist auch im Hiphop die Collage ein wichtiges Element. Dennoch wird sie mit einem etwas anderen Ziel eingesetzt:

> Doch wo sich Dada um die 'Vernichtung jedes Sinns bis zum absoluten Blödsinn' mühte und die Collage bis zu den dada-renovierenden Punks vor allem zur Zerstörung alter Sinnstrukturen eingesetzt wurde, ging der Hiphop-, aber auch der frühe Disco-DJ im Umgang mit den Soundschnipseln von Anfang an ohne zerstörerischen Impuls aus.[22]

---

21 Gay, Geneva. "Expressive Ethos of Afro-American Culture". *Expressively Black – The Cultural Basis of Ethnic Identity*. Hg. Geneva Gay und Willie L. Barber. New York: Praeger, 1987: 4-5.

22 Peschke, Marc. "Drei Cover von The Clash". *testcard*. No.1 (1997): 152.

Die Art und Weise, wie Bestehendes zu Neuem zusammengefügt wird, ist in einem postmodernen Kontext zu sehen. Das Sampeln[23], ein wichtiges Element von Rap, ist ein anschauliches Beispiel für die postmoderne Arbeitsweise. Dabei geht es darum, schon existierende Sounds neu zusammenzusetzen und somit schon konnotierte Zeichen und Texte zu neuer Gestalt zusammenzufügen und dem ursprünglichen 'Text' durch die Rekontextualisierung ein neues Umfeld und eine neue Bedeutung zu geben[24]. Diese Herangehensweise stellt den traditionellen Autorenbegriff in Frage. Der Künstler positioniert sich, indem er andere zitiert.

Obwohl Postmodernität und Rap im akademischen Diskurs immer wieder in Beziehung zueinander gesetzt werden, ist es problematisch, schwarze kulturelle Bewegungen den ihr Entstehen jeweils begleitenden Kulturepochen zuzuordnen. Dies erschwert eine eindeutige Zuordnung von Rap zur Postmoderne:

> Some analysts see hiphop as a quintessentially postmodern practice, and others view it as a present-day successor to premodern oral traditions.[25]

Vielmehr ist es so, daß die afroamerikanische Tradition, aufgrund des bis weit in dieses Jahrhundert hinein isolierten Status der schwarzen Bevölkerung sich relativ autonom entwickelt hat, und afroamerikanische kulturelle Bewegungen sich nicht unbedingt analog zu 'weißen' Epochen setzen lassen[26]. Ein Beispiel hierfür wäre etwa der Autorenbegriff in der afroamerikanischen '*community*', der sich von jeher von dem der 'weißen' Kultur unterschied, weil Kultur eher als ein kollektives Gut und nicht als individuelle Errungenschaft begriffen

---

23 Sampeln beschreibt einen Vorgang, bei dem Fragemente schon existierender Stücke oder Melodien, aber auch Straßengeräusche oder Zitate (einfach alles, was sich auf Tonband aufnehmen oder digital reproduzieren läßt) in einen anderen Zusammenhang integriert werden können.

24 "Hip-hop, in other words, with its cut-ups, its scratches, breaks and samples, is best understood as producing not new texts, but new ways of performing texts, new ways of performing *the making of meaning*." Frith, Simon. "Music and Identity". *Questions of Cultural Identity*. Hg. Stuart Hall und Paul du Gay. London: Sage Publications, 1996: 115. Siehe auch Diedrichsen: "Gleichzeitig benutzen HipHop-Musiker [...] eine Maschine, die nicht nur über alle Töne so gebietet wie die Sprache über ihre Zeichen: Seit Sampling wird die Musik nicht mehr gespielt, sondern abgerufen. [...]. HipHop-Sampling legt [...] besonderen Wert auf Nebengeräusche, auf Noise, sowohl im fast futuristischen/ avantgardistischen Sinne von Public Enemy ('Bring Da Noise!'), vor allem aber auch als Zeichen von Geschichte (das Rauschen gesampelter alter Platten, Reden schwarzer Führer, Filmdialoge aus Blaxploitation-Filmen, natürlich Scratchen und Tape-Rewinds)." Diedrichsen, *Freiheit*, 87.

25 Rose, *Black Noise*, 21.

26 Vgl. Potter, *Spectacular Vernaculars*, 4 f. Dort diskutiert Potter die Frage, wie afroamerikanische zeitgenössische Kultur in bezug auf Postmoderne und Moderne zu positionieren sei.

wurde[27]. So wäre es beispielsweise kurzsichtig, den Autorenbegriff im Rap ausschließlich als postmodernes und nicht auch als afroamerikanisches Phänomen zu sehen.

Eine Parallele zwischen Hiphop und Postmodernität sieht Potter in dem Umstand, daß Performanz in beiden nicht nur ein zentrales Element ist, sondern auch als solches reflektiert wird[28]. Ein konzeptionelles Element, das sowohl bei Punk als auch bei Rap (insbesondere in seiner frühen Form) auftauchte, ist, daß etablierte Formen der Interaktion zwischen *Performer* und Publikum immer wieder gebrochen werden und daß die Reaktionen des Publikums ein zentrales Element bei Live-Auftritten sind. Dazu gehört auch, daß der Zugang zur Produktion von Rap, ähnlich wie bei Punk, relativ unkompliziert und finanziell erschwinglich ist. Zwar haben sich die ökonomischen Rahmenbedingungen durch die Professionalisierung verändert, nichtsdestotrotz ist der Ursprung von Rap, das Soundsystem[29], eine demokratische Angelegenheit.

Dieser Anspruch auf Zugänglichkeit von Rap ist eng verknüpft mit dem Anspruch vieler Rapper, die afroamerikanische '*community*' zu repräsentieren bzw. ein Sprachrohr derselben zu sein. Dieser Anspruch taucht immer wieder im Selbstverständnis von Rappern auf, z.B. bei 'Public Enemy'[30].

In diesem Punkt gibt es jedoch deutliche Unterschiede zwischen dem sendungsbewußten ('*message-oriented*') und dem 'Gangsta' Rap, analog übrigens zu der Unterscheidung zwischen '*arties*' und '*social realists*' beim Punk. Während politische Bands, im Rap wie auch im Punk, sich deutlich mit einem Standpunkt identifizieren, und somit diese Identifikation für den Zuhörer auch möglich und wünschenswert machen, streben die nihilistischen Spielweisen in Form von 'Gangsta' Rap oder '*art-school*' Punk keine grundsätzliche Auflösung oder Klärung widersprüchlicher Positionen an. Die Selbstpositionierung ist eher symbolischer als politischer Art. Diese Stilformen im Punk und Rap stellen sich außerhalb des politischen und gesellschaftlichen Diskurses. Während Punk sich eher über Verfall und Morbidität definierte, bezieht Rap sich auf Gewalt und Kriminalität zur Artikulation einer nicht

---

[27] Vgl. Gay, "Expressive Ethos", 4-6.

[28] "[...] these modes of articulation [in hip-hop and postmodern rhetoric] whatever their rhetorical protocols, have a great deal in common; both are highly contingent, aware of the multiplicity and flux that surrounds any act of self-accounting, and both recognize themselves as *performative* acts, acts of self-staging." Potter, *Spectacular Vernaculars,* 20.

[29] In seiner einfachen Form besteht das Soundsystem aus zwei Plattenspielern zum Mischen von Platten und einem Mikrophon, zum Darüber-Rappen.

[30] Vgl. Decker, Jeffrey Louis. "The State of Rap: Time and Place in Hip Hop Nationalism". *Microphone Fiends – Youth Music and Youth Culture*. Hg. Andrew Ross und Tricia Rose. New York und London: Routledge, 1994: 103.

gesellschaftskonformen Identität. Kriminalität und die Bereitschaft, Gewalt einzusetzen, werden so zur Metapher, die Autonomie zum Ausdruck bringen soll. Die Bezugnahme auf Gewalt wird als ein Sinnbild dafür gesehen, sich seinen Platz in der Gesellschaft selbst aussuchen zu können. Reynolds und Press setzen diesen Ansatz im Rap in die Tradition des '*Staggerlee*' Mythos[31]:

> Breaking all the rules, Staggerlee escapes the fate assigned to blacks (servitude, anonymity, death) by a white society, and wins it all: women, drugs, wealth. Criminality is such a potent metaphor for black pop rebel because it signifies total possibility.[32]

Zentral ist auch, daß hier eine Figur geschaffen wird, die sich von widrigen Umständen nicht unterkriegen läßt, sondern auftrumpft, notfalls eben auch auf gewaltsame Art. So wird das Böse in einem feindlichen Umfeld zur Befreiung für das Individuum:

> Der Teufel war für die schwarze Kultur nicht der Verursacher der Erbsünde, sondern ein böser Held, eine Figur des Gut/Böse, die der Neigung der *oral culture*, polare Kategorien zu verflüssigen, entsprach. Laut Grier und Cobbs läßt sich das Bild des Teufels später in der Vorstellung vom *bad nigger* wiederfinden, jenem freien und unabhängigen Menschen, der durch die Androhung von physischer und psychischer Gewalt die Weißen in Angst und Schrecken versetzte, und mit dem Begriff *devil's music* wurde schließlich die Unterhaltungsmusik außerhalb der Kirche umschrieben.[33]

Ein Unterschied im Selbstverständnis von Rappern und Punks liegt darin, daß im Rap eigentlich alle, zumindest aber die beiden hier beschriebenen Genres, Anspruch auf Authentizität erheben. Rap beansprucht, das Leben der afroamerikanischen Bevölkerung, so z.B. die Probleme des Lebens im Ghetto, möglichst realistisch darzustellen. Die politischen Rapper unterscheiden sich vom 'Gangsta' Rap dadurch, daß sie die Situation nicht nur beschreiben, sondern auch analysieren und mögliche Alternativen aufzeigen:

> But where the messages of gangsta rap are content to describe in a fatalistic way the world 'as it is', disclaiming any responsibility for the negativism to which gangstas themselves contribute, the nationalism of politically, culturally,

---

31 Dieser Mythos ist bei Baber, Ceola Ross. "The Artistry and Artifice of Black Communication". *Expressively Black – The Cultural Basis of Ethnic Identity*. Hg. Geneva Gay und Willie L. Barber. New York: Praeger, 1987: 90-91 erklärt. Vgl auch: "But it [the 'Gangsta' image] in fact has its roots in the myth of Staggerlee, which can be found throughout Black-American folk culture from early blues tunes by Mississippi John Hurt in 1929 to the more colorful portraits from 70's blaxploitation films." Nelson, Havelock und Michael A. Gonzales. *Bring the Noise – A Guide to Rap Music and Hip-Hop Culture*. New York: Harmony Books, 1991: 165.

32 Reynolds/ Press, *Sex Revolts,* 137.

33 Sidran, *Black Talk,* 36.

> or religiously oriented rappers tends toward a grand, often millennial, vision of how things might or ought to be.[34]

Im Rap spielt die Inszenierung von Authentizität und die Konstruktion einer unwandelbaren Identität eine wichtige Rolle. So wird in Raptexten immer wieder von '*Niggaz for life*', '*Real Niggaz*' und der Wichtigkeit von '*Bein*' *and Stayin*' *Real*' gesprochen.[35] Durch diese Begrifflichkeiten wird eine scheinbar unwandelbare Identität geschaffen, die stark vom Schwarzsein und von einer dominierenden, die Situation kontrollierenden Männlichkeit geprägt ist, die vor allem im urbanen Kontext überlebenswichtig ist. Auch wenn Rapper den Sprung aus diesem Milieu geschafft haben, betonen sie die Bedeutung ihrer unter Armut und Marginalisierung geformten Identität. Die im Ghetto erhaltene Prägung garantiert in der Lesart vieler Rapper Glaubwürdigkeit. Daß es sich bei dieser 'Gangsta' Selbstdefinition, die als '*realness*' Indikator benutzt wird, nichtsdestotrotz auch um eine Konstruktion handelt, belegt folgende Beschreibung der Rapformation 'Run-DMC':

> One irony was that the three members of the group came from black middle-class homes in Hollis, Queens, and their 'B-Boy' gangster wear was as much a costume as the cowboy hats and space suits of Grandmaster Flash or Afrika Bambaataa.[36]

An dieser Stelle möchte ich auf den sozialen Hintergrund und den Anspruch der von mir verglichenen Formationen 'Public Enemy' und 'N.W.A'. eingehen. Wie schon erwähnt, kennen sich die 'Public Enemy'-Mitglieder aus Collegezeiten, sie entstammen der schwarzen New Yorker Mittelschicht. Sie sehen sich in der Tradition der '*Black Power*' Bewegung, was sich auch in ihrer stilistischen Anlehnung an die 'Black Panthers' niederschlägt. Sie beanspruchen für sich, Wahrheiten über und für die schwarze Bevölkerung zu übermitteln und bemühen sich um politische Konzepte. 'N.W.A'. stammen aus Compton, einem desolaten Stadtteil von L.A. und haben eine ghettotypische Vergangenheit. Diese Perspektive dient auch als Hintergrund für ihre Musik und ihre Texte.

Diese Kontextualisierung soll nicht bewerten, ob die in der Musik beschriebenen Erfahrungen 'echt' sind und somit eine legitime Grundlage für das Selbstverständnis der Band bilden. Vielmehr soll die Zwangsläufigkeit ihrer Selbstpositionierungen hinterfragt werden. Meiner Meinung nach greift

---

[34] Kelley, "Kickin' Reality", 164.

[35] "These abstract slogans of 'real niggaz', 'niggaz for life', and 'bein' and stayin' real' summon up romantic notions of ghetto authenticity. [...] hip hop speaks to youth's desire for identity, for a sense of self-definition and purpose, no matter how lawless and pointless." Perkins, "Introduction", 20.

[36] Light, "Salary or Reality", 859.

es zu kurz, Inhalt und Form der Repräsentation im Rap gleichzusetzen. Dies würde bedeuten, die 'Gangsta'-Identität als zwangsläufig anzusehen, und nicht als Mittel, sich im Verhältnis zur Gesellschaft zu positionieren. Doch unabhängig, ob bewußte Inszenierung oder Repräsentation mit 'Echtheitsanspruch', die Mehrzahl der im Rap gewählten Repräsentationsstrategien treibt eine Essentialisierung von '*blackness*' eher voran, als sie in Frage zu stellen. Diese Tendenz steht in einem inneren Widerspruch zu der Hybridität des Genres. Obwohl Rap auch bei Weißen ein Identifikationsbedürfnis weckt und über geschlechtliche und ethnische Grenzen hinweg Erfolg hat, so ist es doch, seinem Anspruch nach, mit wenigen Ausnahmen sehr exklusiv und separatistisch[37]. Die geforderte '*realness*' ist nur von schwarzen, heterosexuellen Männern zu erreichen[38]. Gemeinsam haben die verschiedenen Subgenres, egal ob religiös oder nationalistisch motiviert oder dem 'Gangsta'-Image verschrieben, daß sie sehr viel Wert auf die Konstruktion einer meist starren Identität legen. Diese Identität schafft eine rebellische, nicht integrierbare Position außerhalb der Gesellschaft. Dazu gehört auch, daß Unterschiede zu anderen gesellschaftlichen Gruppen eher betont, als daß Gemeinsamkeiten gesucht werden.

> For the Islamic (male) rappers especially, the issues that swing into play involve strict orderings of social identity, gender relations, sexuality, and even eating practices, for these are aspects of one's life over which might more easily exercise direct and immediate control.[39]

Auch der 'Gangsta' Rapper positioniert sich außerhalb der Gesellschaft. Wie oben ausgeführt, greift er dazu auf das Konzept des 'bad niggers' zurück. Eine in diesem Zusammenhang immer wieder aufkommende Diskussion ist, inwiefern die Konstruktionen im 'Gangsta' Rap bestehende Ideologien reproduzieren oder subvertieren. Kelley sieht in ihnen vor allem eine Reproduktion der dominanten Ideologie:

> For all its oppositional potential, ghettocentricity, like Afrocentricity, draws its arsenal from the dominant ideology. [...]. What is most striking about gangsta

---

37 Vgl. Garofalo, "Black Popular Music", 245.

38 Daß es auch schwarze Musikformen gibt, die trotz gesellschaftlicher Marginalisierung nicht eine solche Position einnehmen, zeigt der Blick auf andere afrodiasporische Musikstile in anderen Ländern. Siehe auch Irving: Ihrer Meinung nach erlaubt z.B. Reggae in Großbritannien dem Zuhörer "to construct a position which does not define the listener solely through 'race' and 'gender'. Rather than expelling whites or women as something radically 'other' to the black male subject, a new subject-position is constructed which somehow cuts across these divisive categories. In the vast majority of American rap this second movement has not occured. It remains militantly exclusivist." Irving, Katrina. "'I Want your Hands on Me': Building Equivalences through Rap Music". *Popular Music*, Vol. 12 No. 2 (1993): 107.

39 Allen, "Message Rap", 174.

> rappers' construction of 'Nigga' as the embodiment of violence is the extent to which this highly masculinist imaginary draws from existing stereotypes [...]. Negative stereotypes of black men as violent, pathological and lazy are recontextualized.[40]

In Zusammenhang mit dieser Diskussion ist das Konzept von '*mimicry*'[41] von Bedeutung. Ob kontroverse Aussagen im Rap als ironische Entlarvung durch Zuspitzung oder als schlichte Imitation herrschender Strukturen und Kräfteverhältnisse (wer das Geld/ die Waffe hat, hat die Macht) zu interpretieren sind, ist im Text oft nicht eindeutig festgelegt.

---

40 Kelley, "Kickin' Reality", 139-140.

41 Baber definiert '*mimicry*' wie folgt: "Mimicry is a technique that is often used to ridicule someone. It is a kind of 'signifying' about the appropriateness or inappropriateness of a person's attitudes and actions. [...]. Unlike toasts, boasts, stories and proverbs, mimicry does not follow a particular stylized form. It is most often executed in a normal conversational style, and employs simple, although exaggerated imitation. Delivery is crucial to its effectiveness. [...]. Mimicry involves both verbal and nonverbal imitation." Baber, "Artistry and Artifice", 94.

5. Performative Expressivität im Punk

Nach dem historischen Überblick und der Einführung in die wesentlichen, von Punk und Rap transportierten Konzepte erfolgt nun eine Analyse der Elemente, die zur Herausbildung einer distinktiven Musik und Subkultur beigetragen haben. Dabei sollen unter 5.1. die Musik und die Texte interpretiert werden, und in dem darauffolgenden Kapitel der subkulturelle Rahmen, zu dem Kleidung, Styling und auch Tanz gehören, untersucht werden. Gerade in Jugend- und Subkulturen ist die Performanz zentral, die sich an der Inszenierung des eigenen Körpers, der eigenen Person festmacht, weil sie oft das einzige 'kulturelle Kapital' ist, über das die Akteure verfügen. An dieser Stelle ist zu klären, wo die Performanz, die diesem Selbstausdruck zugrunde liegt, zu einem faßbaren und kategorisierbaren Stil wird. Folgende Definition weist auf eine notwendige Abgrenzung gegenüber individuelleren Formen des Selbstausdrucks hin:

> Da jedoch Menschen in ihren Handlungen neben und in allen Tätigkeiten oder Plänen immer schon Zeichen produzieren, durch die sie anzeigen, was sie tun, denken oder wollen und wer sie sind, wäre es eine sinnlose Verallgemeinerung, jede zeichenhafte oder typisierende Präsentation von Handlungen oder Haltungen 'Stil' zu nennen. Das alltägliche Leben ist geordnet und ordnet sich durch *typisierte* Handlungen, Wahrnehmungen, Dinge und Personen und ebenso durch *typisierende* Wahrnehmungen und Handlungen. Wir leben – als Typen für andere – in einer typisierten Welt. In dieser alltäglichen Welt sich typisch zu bewegen, zu verhalten oder zu handeln ist nicht schon ein ausgezeichneter (Lebens-) Stil. Im Gegenteil: im Gegensatz zu alltäglicher Typenbildung enthält jeder Stil zusätzlich eine ästhetische Komponente – eine ästhetisierende Überhöhung des Alltäglichen.[1]

Doch wie wird der distinktive Stil von Punk gebildet? Hierbei ist zunächst die Musik zu nennen, die innerhalb von Subkulturen das bindende Element ist. Bei der Analyse von Pop- und Rockmusik ist auffallend, daß die Musik in der Forschung oft zurückgestellt wird, gegenüber dem Text, der in unserer schriftlich orientierten Kultur leichter zu entschlüsseln ist. Dies führt häufig zu Mißverständnissen in der Auseinandersetzung mit Pop- und Rockmusik. So werden Texte auf ihren politischen Gehalt und auf ihr befreiendes Potential untersucht, wobei oft hintangestellt wird, daß dieses Potential auch über den Rhythmus oder, allgemein gesprochen, über das von der Musik vermittelte

---

[1] Soeffner, Hans-Georg. "Stil und Stilisierung – Punk oder die Überhöhung des Alltags". *Stil – Geschichten und Funktionen eines kulturwissenschaftlichen Diskurselements*. Hg. Hans Ulrich Gumbrecht und K. Ludwig Pfeiffer. Frankfurt a. M.: Suhrkamp, 1986: 319.

Lebensgefühl transportiert werden kann. Wenn Texte fehlen, die Rock- und Popmusik-typische Themen (wie etwa Rebellion und Gesellschaftskritik) behandeln, wird daraus oft auch ein Fehlen 'progressiver' Aussagen geschlußfolgert. Dabei wird vergessen, daß die Musik und der Rhythmus eine von gesellschaftlichen Zwängen befreiende Wirkung auf das Individuum haben können. Die Körperlichkeit von Musik wird vernachlässigt. McClary beschreibt die Wirkungsweise von Musik wie folgt:

> [...] it seems to me that the music itself – especially as it intersects with the body and destabilizes accepted norms of subjectivity, gender and sexuality – is precisely where the politics of music often reside.[2]

Die Interaktion von Text und Musik/ Rhythmus ist schwer zu begreifen und noch schwerer in eine wissenschaftliche Form, die nicht empirisch die Wirkungsweise von Musik abfragt, zu fassen. Insofern unterliegt diese Arbeit in bezug auf die Analyse der Wirkung von Musik und Text Beschränkungen. Auch kann auf den psychologischen Effekt von Musik nur dort eingegangen werden, wo er sich in konkreten kulturellen Formationen manifestiert, also eine soziologische Dimension hat. Nichtsdestotrotz ist es meiner Ansicht nach wichtig, auf die Bedeutung von Musik für körperliche Erfahrungen hinzuweisen. Trotz des Verweises auf das in der Forschung unzureichend aufgearbeitete Potential von Rhythmus und Melodie entspricht es nicht meiner Absicht, die Bedeutung von Musik und Text gegeneinander zu werten. Auch Texte können ein befreiendes Potential haben und das symbolische Ausagieren neuer Positionen ermöglichen:

> Lyrics are ensembles of texts that have power as symbolic expressions.[3]

Sie sind ihrer Form nach zwar statischer, weil sie sich der Sprache bedienen und deshalb an diesen etablierten Code gebunden sind, um verständlich zu bleiben (zwar gibt es auch in der Musik Konventionen; diese sind insgesamt jedoch flüssiger). Das bedeutet jedoch nicht, daß symbolische Positionsverhandlungen in Texten nicht möglich wären. Die Betonung liegt hier auf 'symbolisch'. Was in der etablierten Kunst- oder Literaturkritik eine Selbstverständlichkeit ist, nämlich daß ein Text nicht eins zu eins zu verstehen ist, sondern interpretiert werden muß, ist im populärkulturellen Bereich nicht selbstverständlich. Hier werden Äußerungen oftmals nicht unter ihren symbolischen, performativen Aspekten bewertet, sondern es wird nach einer konkreten, soziologisch verankerten Aussage gesucht. Doch gerade die Schnittstelle zwischen dem symbolisch zu verstehenden Text und der

---

2 McClary, "Youth Culture and Music", 32.

3 Armstrong, Edward G. "The Rhetoric of Violence in Rap and Country Music". *Sociological Inquiry.* Vol. 63 No. 1. (1993): 65.

konkreten körperlichen Performanz, die sich an der Musik orientiert, ist für das hier untersuchte Thema von zentraler Bedeutung. Musik sowie Texte sind eine Projektionsfläche, mit der Identität ausgedrückt wird. Sie sind somit auch ein Rahmen für die Verhandlung und Neuerfindung dieser Identität. Davon ausgehend ist Musik und die sich über sie definierende Subkultur ein Feld, daß sich für eine Analyse der Konstruktion von '*gender*' in der kulturellen Repräsentation anbietet. Der musikalische Text und der performative Ausdruck, die bestehende Konstruktionen verhandeln, sind nie nur Abbild von individueller Identität und eines abgekoppelten Schaffensprozesses. Vielmehr bewegen sie sich in einem kulturellen Koordinatensystem, in dem schon im Vorfeld existierende Zuschreibungen, wie etwa von Geschlecht oder auch von Ethnizität, aufgegriffen und verhandelt werden:

> [...] style has become a critical factor in definitions of the self. As one enters, or falls into encounters with other people – intimates and strangers alike – style is a way of stating who one is: politically, sexually, in terms of status and class. Style is a device of conformity, or of opposition.[4]

Daher besteht ein enger Zusammenhang zwischen dem Stil, der diese Selbstinszenierung ermöglicht, und den Konnotationen, die von ihm transportiert werden. Daß diese beiden Bezugspunkte gegenüber anderen Analysekategorien, wie etwa der Klassenlage, in der Diskussion um Punk vernachlässigt wurde, habe ich bereits ausgeführt.

5.1. Text und Musik im Punk

Verbale Provokationen spielten im Punk eine große Rolle. Diese bezogen sich nicht nur auf die Texte, sondern spiegelten sich schon in den Bandnamen wieder. Viele Bands legten es darauf an, zu schocken, indem sie tabuisierte Worte in ihren Namen integrierten oder Bezug auf kontroverse Themen nahmen:

> [...] punk names, like those of the earlier psychedelic/ underground groups, aimed to signal some kind of overturning of established meanings and hierarchies of values.[5]

Neben den Namen, die auf gesellschaftliches Außenseitertum hinwiesen ('The Clash'. 'The Damned'), gab es viele Namen, die eindeutige sexuelle

---

4 Ewen, "Marketing Dreams", 43. Der Stil, in dem man sich präsentiert, gewinnt in einer zunehmend visuell orientierten Kultur an Bedeutung. Stil wird, anders als beispielsweise noch im letzten Jahrhundert, nicht nur zum Indikator dafür, wo man herkommt, sondern zunehmend dafür, wo man hin will, wo man sich selbst positioniert.

5 Laing, *One Chord Wonders*, 47.

Referenzen benutzen: 'Penetration', 'The Slits', 'Raped', 'Buzzcocks' oder 'Sex Pistols'. Insgesamt ist zu beobachten, daß Sexualität in der Namensgebung von Punkbands auf ihre gewaltsamen oder tabuisierten Aspekte reduziert wurde.

Was sich in den Namen andeutete, findet sich auch in den Texten wieder. So dominieren hier Referenzen an Gewalt, eine enthumanisierte Sexualität und Entfremdung von der Umwelt. Diese Referenzen funktionieren in erster Linie als Metapher. Zur Interpretation und zum Verständnis dieser Texte macht es wenig Sinn, die darin verwendete Rhetorik wörtlich zu nehmen und nach verifizierbaren Determinanten, die Einblick in die Lebensumstände der Autoren dieser Texte geben, zu suchen. Vielmehr spielte die Symbolik der Texte eine wichtige Rolle:

> The present research shifts focus from 'objective' conditions to the production of symbol systems and the construction of a rhetoric [...].[6]

Anders als in vielen anderen Bereichen der Rock- und Popmusik sind es zumeist Männer, die mit dieser Rhetorik andere Männer ansprechen. Während in anderen Genres der zwischengeschlechtliche Dialog eine große Rolle spielt, tritt dieser Aspekt bei Punk völlig in den Hintergrund, bzw. wird Punk von seinen Protagonisten oft sogar gegen diesen Ansatz definiert[7]. Laing setzt dieses Element von Punk in die Tradition afroamerikanischer verbaler Rituale, die ja auch im Rap eine große Rolle spielen.

> The punk addressees [...] are mostly aimed at male enemies. There had been a sub-genre of American black street culture which filtered into the urban blues music, called the 'dozens'. This involved a competition to see who could invent the most imaginative and most outrageous insult to the other person involved. [...] very few white performers had worked on lyrics of the 'put-down'. Until punk that is, and especially until the Sex Pistols.[8]

Über diesen kompetitiven Ansatz hinaus befassen sich Punktexte oft mit gesellschaftlichen Problemen, so etwa mit Gewalt, Arbeitslosigkeit, Kriminalität und ihren individuellen Folgen, wie etwa Frustration und Langeweile. Ein Textbeispiel der 'Sex Pistols':

> [...] don't know what I want/ but I know how to get it/ I wanna destroy the passer-by/ [...]/ Is this the MPLA/ or is this the UDA/ or is this the IRA/ I thought it was the UK/ or just another country/ another council tenancy.[9]

---

6 Armstrong, "Rhetoric of Violence", 80.

7 Hier sei auf das Joe Strummer Zitat in Kapitel 3, Fußnote 57 verwiesen.

8 Laing, Dave. "The Grain of Punk: An Analysis of the Lyrics". *Zoot Suits and Second Hand Dresses – An Anthology of Fashion and Music*. Hg. Angela McRobbie. Basingstoke: Macmillan Education Ltd., 1989: 95.

9 Sex Pistols, "Anarchy in the UK", *Never Mind The Bollocks*.

Sexualität tauchte, wenn überhaupt, in den Texten nur als negatives Moment auf.

> For despite the free and easy milieu within which the Sex Pistols moved, the strongest element to come over from their songs is sexual disgust.[10]

In den Texten der 'Sex Pistols' wird der Mensch als eine mißratene, isolierte Kreatur, dem uneigennützige Beziehungen zu anderen Menschen nicht möglich sind, repräsentiert[11]. Ähnlich wie die 'Sex Pistols' äußern sich 'The Clash' zu zwischenmenschlichen Fragen kaum. Dies ist bei 'The Clash' nicht auf ein negatives Menschenbild, wie etwa bei den 'Sex Pistols' zurückzuführen, sondern ist Konsequenz einer anderen Prioritätensetzung. Für 'The Clash' finden die relevanten Auseinandersetzungen zwischen Männern statt, zwischengeschlechtliche Beziehungen stellen eher eine Ablenkung dar, als daß sie sinnstiftend sein könnten[12].

Die Krisenrhetorik, die sich damals durch die ganze Gesellschaft zog, spiegelte sich in den Texten von Punk wider. Das Aufgreifen von gesellschaftlich tabuisierten Themen, die als unterschwellige Auswirkungen der gesellschaftlichen Krise verstanden wurden, verschärfte diese Rhetorik:

> Even more destabilizing was that area of punk language which drew on discourses which not only had been previously absent from popular song, but which had been excluded from the mainstream media discourse of society as a whole: the arena of 'pornography' and 'obscenity'.[13]

Hierbei lassen sich entlang der Unterscheidung zwischen '*arties*' und '*social realists*' Differenzen festmachen. So unterscheiden sich die 'Sex Pistols' und 'The Clash' deutlich in der Zielsetzung ihrer Aussagen. Während die 'Sex Pistols' bestehende Strukturen einfach zerschlagen wollten und dem keine weitere Analyse und keine Suche nach Schuldigen an den gesellschaftlichen Mißständen voranstellten, beschäftigten sich 'The Clash' doch stärker mit den Hintergründen ihrer Frustration und suchten nach (vorwiegend militanten) Lösungen:

---

10 Savage, *England's Dreaming*, 189. Siehe auch den Sex-Pistols-Text von "Bodies", *Never Mind The Bollocks*, bei dem Sexualität nur über die daraus resultierende Abtreibung thematisiert wird.

11 "[...] I got no emotions for anybody else/ You better understand/ I'm in love with myself, myself/ My beautiful self/[...] /You follow me around/ Like a pretty pot of glue/ I kick you in the head/ you got nothing to say". Sex Pistols, "No Feelings", *Never Mind The Bollocks.*

12 Siehe etwa: "My mind don't need it but my body do/ A little bit of loving and attention for you." The Clash, "1-2 Crush On You", *The Clash.*

13 Laing, *One Chord Wonders*, 75.

> […] I don't wanna hear what the rich are doing/ I don't wanna hear where the rich are going/ They think they're so clever, they think they're so right/ But the truth is only known by guttersnipes.[14]

Obwohl die Selbstinszenierung als Rebell und gesellschaftlicher Außenseiter in der Pop- und Rockgeschichte Tradition hat, führte Punk einige neue Elemente ein. Dazu gehören die beiden nachfolgend beschriebenen Strategien:

> Like Dada's word salad, much punk use of language involved both the shock of the new (importation of obscenity, politics etc. into popular lyrics) and the shock of the real (justification of this importation by the assertion that this is what happens on the street).[15]

Nicht nur die Texte, sondern auch die Musik brachen mit den Konventionen in der Rock- und Popmusik der frühen 70er Jahre. Die Musik war auf das Allernötigste reduziert, die Instrumentierung beschränkte sich auf Gitarre, Baß und Schlagzeug. Diese Instrumente wurden oft auch nur rudimentär beherrscht. Die Stimme war den Instrumenten gleichgestellt und wurde so gemischt, daß sie nicht im Vordergrund stand, wie in der Rock- und Popmusik sonst üblich. Auch wurde nicht daran gearbeitet, die Klarheit und Verständlichkeit der Stimme durch die Aufnahmetechnik zu verbessern. Der Umstand, daß sie mit den anderen Instrumenten 'gleichberechtigt' gemischt wurde, brach mit etablierten Hörgewohnheiten und rief bei einer konventionellen Erwartungshaltung Frustration hervor.

> The frustration comes from a problem of comprehension (not being able to decipher the words), but also from the withdrawal of the opportunity of identification with [the singer via his/her voice][16]

Darüber hinaus macht die Stimme durch ihren "'unpleasing' character"[17] die Identifikation wenig attraktiv. Insgesamt wird die Bandbreite der möglichen Effekte, die eine Stimme erzielen kann, kaum genützt, und die musikalische Vielfalt der Bands ist eher gering.

---

[14] The Clash, "Garageland", *The Clash*. Vgl. auch: "[…] / White youth, black youth/ Better find another solution/ Why not phone Robin Hood/ And ask him for some wealth distribution/ […]." The Clash, "White Man in Hammersmith Palais", *The Clash*. Zwar beinhalten diese Texte keine differenzierte Analyse von sozialen Problemen, im Unterschied zu den Sex Pistols beispielsweise werden aber zumindest klare Schuldige ausgemacht, und die Ablehnung richtet sich gegen eine bestimmte gesellschaftliche Gruppe und nicht einfach diffus gegen den 'passer-by' (wie im Text von Sex Pistols, "Anarchy in the UK", *Never Mind The Bollocks*.)

[15] Laing, *One Chord Wonders*, 78.

[16] Laing, *One Chord Wonders*, 54. "Yet, any hope for the pure message, vocals as reflector of meaning, is doomed." Laing, *One Chord Wonders*, 54.

[17] Laing, *One Chord Wonders*, 81.

Der Rhythmus im Punk war relativ monoton, die Melodien hart und dissonant (obwohl es auch Ausnahmen gab, wie etwa bei 'The Clash', die von Reggae beeinflußt waren). Die Musik sollte leicht zu spielen sein, komplizierte technische Arrangements waren verpönt, auch wenn einige Musiker sicher in der Lage gewesen wären, sie zu spielen. Diese '*anti-sophistication*' war mehr Attitüde als Notwendigkeit:

> Too much concern with the forms of musical expression could lessen the impact of the thing expressed.[18]

Die in der Musik ausgedrückte Einstellung war Bestandteil des rebellischen Standpunktes in Punk. Der Anspruch war, daß Punk für jedermann zugänglich sein sollte[19]. Punkkonzerte beförderten die Enthierarchisierung zwischen Künstler und Publikum. Die mangelnde Professionalität trug dazu bei, daß die Liveauftritte einen stark experimentellen Charakter hatten. So wurden dort beispielsweise auch unfertige Stücke gespielt[20].

Hinsichtlich der Rolle des Liveauftrittes und der in den Vordergrund gerückten Performanz stellte Punk einen Bruch mit den vorangegangenen Praktiken in der Rock- und Popmusik dar. Die Liveperformance war der Weg, den eigentlich alle Punkbands gingen, um ihr Publikum zu erreichen:

> The impossible dream was to first abolish the distance, and then the difference, between performer and audience, the activity of one and the passivity of the other.[21]

Um das eingespielte Verhältnis zwischen Star und Fan zu hinterfragen, bedienten sich Punkbands verschiedener Entfremdungstechniken. So durchbrachen sie mittels Beschimpfungen des Publikums das etablierte Muster der Interaktionen zwischen '*performer*' und Rezipienten:

> By drawing attention to the disparity of situation between himself and them, the musician may actively frustrate conventional types of identification between the audience and him- or herself. In doing so, the actual power relations between the performer and audience could become transparent.[22]

Schallplatten waren im Punk nur Beiwerk[23].

---

18 Laing, *One Chord Wonders,* 60.

19 Das berühmte Zitat aus dem Punk-Fanzine 'Sniffin Glue': "Here is one chord, here is another, here is a third, now form a band" weist in diese Richtung.

20 Vgl. Laing, *One Chord Wonders*, 86-89.

21 Laing, *One Chord Wonders,* 82.

22 Laing, *One Chord Wonders,* 84.

23 In den Jahren zuvor war es gerade umgekehrt: "For both progressive rock bands and teenybop groups the studio was the creative source, while records themselves yielded greater financial rewards than live performances. The latter were places in which to reproduce the recorded sound." Laing, *One Chord Wonders,* 54.

5.2. Punk und Stil, Mode und Tanz

Stil, wie er sich in Form von Äußerlichkeiten wie Kleidung und Frisur, aber auch von Verhaltensweisen und Umgangsformen manifestiert, ist ein zentraler Verbindungs- und Identifikationspunkt für die Mitglieder einer Subkultur. Der kompetente Umgang mit Stilmitteln zeugt von 'kulturellem Kapital'. Da Stil keine feste Größe ist, ist es für den, der Wert auf Stilsicherheit legt, wichtig, sich spätestens dann neu zu positionieren, wenn sein Stil durch gesellschaftliche und kulturelle Verschiebungen einen neuen Kontext erhält. So kann ein Stilelement, das vor kurzem noch Differenz suggerierte, durch die modische Entwicklung plötzlich dem Mainstream, von dem es sich ursprünglich abzugrenzen galt, zugehören. Stil ist ein Mittel, das dem Individuum erlaubt, sich den Strukturen, die es umgeben, bis zu einem gewissen Punkt zu entziehen. So ist Stil eine Art der Selbstbehauptung, die es ermöglicht, durch einen ungewöhnlichen Umgang mit Mode seine Abgrenzung von der Gesellschaft kundzutun.

Gleichzeitig bedeutet eine Abgrenzung mit stilistischen Mitteln nicht zwangsläufig eine Festlegung auf ein Lebenskonzept. Vielmehr ist die Selbstpositionierung durch Stil spielerisch und kann jederzeit modifiziert oder zugunsten eines anderen Stils aufgegeben werden[24].

> By fetishizing its own surfaces and even the part and the movement of the surfaces, style undermines the relationship between the surfaces (the body as a screen onto which identities are projected) and identity. It challenges the look, both internal and external, which seeks to see beyond the images to the identity which is the real object of hegemonic control.[25]

Dieses Spiel mit Identität ist zentral für das Funktionieren von Jugendkulturen. Es erlaubt einen Umgang mit Rollen, der keine dauerhafte Festlegung erfordert. Die Betonung der Oberfläche durch die Visualität von Stil wird in der kritischen Diskussion, insbesondere von neomarxistischen Kritikern, immer wieder negativ bewertet[26]. Eine häufig artikulierte Kritik ist, daß der spielerische Umgang mit Stil die Inhalte in den Hintergrund rücke bzw. undechiffrierbar mache, weil Präsentation und dargestellte Inhalte voneinander entkoppelt sind. Daß die Verbindung zwischen Signifikat und Signifikant flüssig ist, bedeutet jedoch nicht, daß Stil einer völligen

---

[24] Vgl. Thiel, Wolfgang und Hans-Jürgen Wirth. "Über Geschmack läßt sich streiten – Die Bedeutung ästhetischer Ausdrucksmittel für Jugendliche". *Schock und Schöpfung*. Hg. Willi Bucher und Klaus Pohl. (Im Auftrag des Deutschen Werkbunds e.V. und Württembergischen Kunstvereins Stuttgart). Darmstadt und Neuwied: Luchterhand Verlag, 1986: 150.

[25] Grossberg, "Rather Feel Bad", 106-7.

[26] Vgl. Ewen, "Marketing Dreams", 50-55.

Beliebigkeit unterliegt und keine innere Struktur hat. Wie unter 3.2. ausgeführt, weisen kulturelle Formationen homologische Strukturen auf. So beschreibt Hebdige die Verbindung zwischen Stil und den dadurch repräsentierten Werten wie folgt:

> The objects chosen [by the subculture] were, either intrinsically or in their adapted forms, homologous with the focal concerns, activities, group structure, and collective self-image of the subculture. They were 'objects in which (the subcultural members) could see their central values held and reflected'.[27]

Selbstdarstellung durch die äußere Erscheinung spielte im Punk eine zentrale Rolle. Besonders die Frisuren und die Art, sich zu kleiden, dienten dazu, gesellschaftliche Tabus zu brechen. Hier finden sich die Themen wieder, die auch in den Texten von Punk immer wieder vorkommen:

> [Punk fashion] continued to draw on cultural sore points such as sadomasochism, gender confusion, and fascism.[28]

Tanz hingegen spielte im Punk keine besonders große Rolle. Bei Punk wurde der Körper zur Metapher für Schwäche, Krankheit und Gebrochenheit[29]. Punk machte den Körper zur Projektionsfläche für gesellschaftliche Krankheiten. Die Inszenierung diente dazu, die Nichtverwertbarkeit für die Gesellschaft auszudrücken. Pogo, als punktypischer Tanz, drückte vor allem Aggressivität und Verschlossenheit aus. Pogo reflektierte den Unwillen der Punks, den eigenen Körper als etwas Besonderes zu inszenieren. So führt Laing aus:

> At one level, pogo was the ultimate in minimal dancing, suitable for (and apparently inspired by) one rhythmic tendency of the music – to annihilate distinctions and differences.[30]

---

27 Hebdige, "Style as Homology", 57.

28 Henry, *Break All Rules,* 80.

29 Thiel/ Wirth, "Geschmack", 152.

30 Laing, *One Chord Wonders,* 90. Siehe auch: "The pogo became the official dance at concerts. In keeping with the punk ideas of amateurishness and aggressive behavior, it consisted simply of jumping up and down and into other fans at a furious pace in a densly packed group." Henry, *Break All Rules,* 87. Darüber hinaus setzt Laing Pogo in den Kontext der 'männlichen' Arbeiterkultur und hält den Tanz für ein an reale Kampfsituationen und körperliches Kräftemessen angelehntes Ritual: "Pogo dancing, however, was one point where the punk rock of 1976-8 became locked into a wider masculine manual working-class ethos [...]." Laing, *One Chord Wonders,* 90-1. Diese Sichtweise vernächlässigt für meine Begriffe die Gebrochenheit, die Pogo austrahlt, hat aber insoweit eine Legitimation, daß Pogo ein Aspekt der Punkkultur ist, der sich auch in anderen, bewußt 'proletarischen' Subkulturen, wie etwa bei den Skinheads, finden läßt.

Da meiner Ansicht nach die Mode bei der Konstruktion des Punkstils eindeutig im Vordergrund stand, ist eine detailliertere Beschreibung angebracht.

Zentral für den Punkstil waren vor allem das Styling der Haare und die Kleidung. In Abgrenzung zu vorangehenden Subkulturen waren die Haare meist kurz (jedoch unprofessionell geschnitten), oft mit grellen, unnatürlichen Farben oder auch schwarz gefärbt. Anders als bei den Hippies, die großen Wert auf Natürlichkeit legten, diente bei Punk der Haarstil und auch die Benutzung von Make-up der Präsentation von Künstlichkeit. Der etablierte Schönheitsbegriff wurde in Frage gestellt, der Mythos des Natürlichen als Konstruktion entlarvt.

Punks kleideten sich vor allem mit dunkler, oft zerissener Kleidung. Die Punkmode nahm Anleihen bei anderen, als häßlich bewerteten oder gesellschaftlich stigmatisierten Stilen[31]. Punk rekontextualisierte viele Elemente aus unterschiedlichen Bereichen. So holte Punk sich Inspirationen in der Arbeitskleidung, bei militärischen Uniformen und in der Fetischmode. Aber auch extrem bunte, kindlich anmutende Kleidung wurde in den Punkstil integriert und so in ihrer Unschuld subvertiert[32]. Punkmode griff vor allem auf Kleidung aus zweiter Hand zurück, die aus verschiedenen Zusammenhängen zu einem hybriden neuen Stil zusammengebastelt wurde. Trotz der Bezugnahme auf tabuisierte Fetischkleidung wurde kaum etwas vom Körper preisgegeben. Auch Kleidung, die eigentlich als aufreizend gedacht war, wirkte in der Form, wie sie im Punk benutzt wurde, eher desexualisierend und versteckte mehr, als sie zeigte.

Sexuelle Ambiguität war trotzdem ein permanenter Referenzpunkt[33]. Anders als in der Hippiebewegung oder im Glamrock, wo Androgynität die traditionellen Repräsentationen von Geschlecht ersetzte und einen spielerischen Umgang mit Identität, der auch '*cross-dressing*' und eine Identi-

---

31 Wie etwa die Hakenkreuzbinden, die zu Beginn der Punkzeit von den politisch keineswegs rechtsradikal ausgerichteten Punks als Provokation getragen wurden. Auch wurden Gegenstände wie Sicherheitsnadeln und Hundehalsbänder zu Accessoires in der Punkmode.

32 Bemerkenswert ist der Umstand, daß die Punkmode nicht nur von den Bands geschaffen und von den Fans imitiert wurde, sondern daß auch viele Anstöße aus der Subkultur kamen. Zwar schafften einige Bands wichtige Modelle, wie etwa die Sex Pistols, die sich bezeichnenderweise in dem Bekleidungsgeschäft ihres Managers kennengelernt hatten, die Fans reagierten jedoch mit viel eigener Kreativität auf diese Inspirationen: "It was here that the do-it-yourself ethos spread productively to the audience." Laing, *One Chord Wonders,* 94.

33 "Bowie's androgynous look, his short spiky hair with its deliberately unconvincing dye job, and his elaborate use of cosmetics are three elements of his physical appearance which were later preempted and elaborated upon by punk rockers." Henry, *Break All Rules,* 35.

fikation mit 'weiblichen' Elementen zuließ, verwies die Punkinszenierung von Androgynität auf Asexualität:

> Uninterested in the traditional trappings of gender distinct fashions, their neutered, asexual appearance was also an important element of their fashion sensibility.[34]

Die Art von '*gender confusion*', wie sie im Punk praktiziert wurde, war eher als Provokation denn als Identifikation angelegt. Durch permanente Referenzen an tabuisierte Formen von Sexualität weckte Punk sexuelle Konnotationen, die aber durch den Kontext ihrer Präsentation gleich wieder neutralisiert wurden:

> The possibilities of thwarting the fetishistic gaze seem to rest on the displacement of the fetishised garment from its customary relationship with the body.[35]

Die asexuelle und geschlechtsunspezifische Ästhetik von Punk kann jedoch nicht darüber hinwegtäuschen, daß Punk sich eher an 'männliche' Repräsentationen von Körperlichkeit anlehnte[36]. Der Körper wurde verhüllt, oftmals hinter martialischen Lederjacken. Für Frauen war dieser Stil in mancher Hinsicht eine Befreiung aus Repräsentationszwängen. Traditionelle Vorstellungen von Schönheit wurden in der Punkmode außer Kraft gesetzt, der Zwang zu gefallen suspendiert[37]. Für den Moment erschien die Vermeidung der konventionellen Darstellung von Geschlecht im Punk als Befreiung.

---

[34] Henry, *Break All Rules,* 80. Vgl. auch Laing: "But particularly on the street rather than on stage, punk's general disregard for romance and sexual relationships as lyric themes was reflected in the 'unisex' dimension of punk appearance as a whole." Laing, *One Chord Wonders,* 94.

[35] Vgl. Laing, *One Chord Wonders*, 93.

[36] So ließe sich die Verachtung, die Punk den Hippies und ihrer oft sehr 'weiblich' inspirierten Mode (lange Haare, weiche Formen in der Kleidung) entgegenbrachte, auch als Ablehnung einer 'weiblichen' Ästhetik verstehen.

[37] Vgl. Bruder-Bezzel, Almuth. "Die Zurichtung der Frau geht über den Körper – Frauenästhetik und Subkultur". *Schock und Schöpfung*. Hg. Willi Bucher und Klaus Pohl. (Im Auftrag des Deutschen Werkbunds e.V. und Württembergischen Kunstvereins Stuttgart). Darmstadt und Neuwied: Luchterhand Verlag, 1986: 142.

6. Performative Expressivität im Rap

Ähnlich wie im Punk spielt Performanz und die Inszenierung des Selbst eine zentrale Rolle im Rap. Durch die Rolle, die der afroamerikanischen Bevölkerung in der US-amerikanischen Gesellschaft zugewiesen wird, ist die Erschaffung einer Identität jenseits der Dominanzkultur besonders notwendig. So werden in der afroamerikanischen Kultur mögliche Alternativen zur bestehenden Ordnung verhandelt:

> Rap performances become a stage where audience and performers actively create themselves and respond to structures of dominance. Performance plays a significant role in discussions about identity for it gives agency to those who represent as well as consume these images.[1]

Doch würde es der Vielschichtigkeit von Rap auch nicht gerecht, die Elemente, die auf diese 'structures of dominance' reagieren und so als politische Reaktionen verstanden werden können, gegenüber anderen performativen Aspekten in den Vordergrund zu rücken. Es gibt sehr verschiedene Stile im Rap[2]. Was ich unter 2.1. schon beschrieben habe, nämlich die Privilegierung bestimmter Diskurse (wie etwa den politischen) über Rock- und Popmusik, beschreibt Mayer sehr einleuchtend in bezug auf die Rezeption von Rap:

> Angesichts dieser performativen Ausrichtung [von Rap] greift meines Erachtens die Strategie vieler Pop-Kritiker, Rap ausschließlich als explizit politischen Diskurs zu rezipieren, entschieden zu kurz. [...]. Rap-Songs mögen dann und wann politische Aussagen treffen und politische Dialoge auslösen, aber oft geschieht auch nichts dergleichen, und die Qualität der Acts läßt sich sicherlich nicht über ihre politische Wirksamkeit oder unmittelbare Einflußnahme bestimmen. Letztlich führt diese Art der 'Politisierung' von Rap zu einer Einteilung in gelungene oder gescheiterte Versuche, schlüssige Aussagen über den Stand der schwarzen Communities zu machen, zu einer Reduktion von Rap auf eine Reihe mehr oder weniger expliziter Botschaften und, gerade bei weißen Kritikern, zu einem Eiertanz zwischen Lob und Kritik, Entschuldigungen und Erklärungen.[3]

Ein ausschließlich politischer Ansatz würde viele andere interessante Aspekte, die im Rap auch noch verhandelt werden, außen vor lassen. So vernachlässigt

---

1 Ebron, "Performing Gender", 24.

2 "Von Anfang an gab es Angeber-Raps, Beleidigungs-Raps, Klatsch-Raps, Unsinn-Raps, Party-Raps, Sex-Raps und Polit-Raps." Jacob, Günther. "Public Enemy". *Spex*. Juni 1990: 26.

3 Mayer, "Schmutzige Fakten", 155-6.

ein solcher Ansatz beispielsweise die Analyse der Ästhetik von Rap, die eine Bezugnahme auf afroamerikanische Traditionen notwendig macht.

6.1. Text und Musik im Rap

Die von Punk angestrebte Aufhebung der Trennung zwischen künstlerischem Ausdruck und dem 'wahren Leben', die Anwendung der in der Kultur gelebten Prinzipien auf den Alltag ist im Rap aufgrund der zentralen Stellung, die Musik und mündlicher Ausdruck für die Kommunikation innerhalb der afroamerikanischen '*community*' einnehmen, nicht Ziel der Subkultur, sondern vielmehr Voraussetzung für ihr Entstehen. So Sidran:

> Ich behaupte, daß Musik nicht allein Wertvorstellungen schwarzer Kultur reflektiert, sondern daß sie – zumindest bis zu einem gewissen Grade – die Grundlage dieser Kultur darstellt.[4]

Die Texte sowie das rhythmische Fließen (der '*flow*') stehen bei Rapstücken im Vordergrund und sind entscheidend für die Anerkennung, die dem Rapper zukommt:

> Rap is characterized by rhythmic music and rhymed lyrics.[5]

Durch die musikalische Untermalung, die sehr rhythmusorientiert ist und durch die über den Grundbeat gelegten '*samples*', die entweder aus anderen Musikstücken oder Alltagsgeräuschen bestehen, erhalten die Texte ihren Kontext. Das Sampeln von Alltagsgeräuschen im Rap schafft eine akustische Kulisse, die sich aus Straßengeräuschen, Gesprächsfetzen, Polizeisirenen und Soundbites aus den Medien zusammensetzt. So wird eine urbane Atmosphäre geschaffen. Dieser Hintergrund bettet die Texte, die sich oft mit dem Leben im Ghetto beschäftigen, in ein Gesamtbild ein. Auch die Repräsentation afroamerikanischen Lebens in den Medien wird in manchen Rapstücken durch '*samples*' reflektiert:

> Sampling, as noted above, is another guerrilla tactic; it takes words literally out of the mouths of politicians and media personalities and remixes them in ways that highlight their absurdity.[6]

Andere Musikstücke werden durch die Technik des Sampelns oftmals als Zitat verwendet. Sie werden in den Rhythmus integriert und dem Inhalt des Raps gegenübergestellt und so, manchmal auch durch neue Texte, rekontextualisiert

4 Sidran, *Black Talk*, 17.
5 Armstrong, "Rhetoric of Violence", 66.
6 Potter, *Spectacular Vernaculars*, 76.

und neu interpretiert. Die Musik ist meist computergeneriert, eine traditionelle Instrumentierung mit Baß, Gitarre und Schlagzeug spielt in den meisten Rapformationen eine untergeordnete Rolle. Die menschliche Stimme, der Drumcomputer und der Sampler bilden die Grundlage von Rap:

> Rap music, in its essential form, is composed of programmed rhythm and syncopated chant – i.e., drum and voice – beats and rhymes. There is a de-emphasis, often to the point of exclusion, of harmony and melody.[7]

Diese Hervorhebung der Stimme, die eine Interpretation der Texte leistet, verweist auf die zentrale Bedeutung von Performanz im Rap[8]. Sprachliche Kompetenz spielt in der afroamerikanischen Tradition eine große Rolle. Sie ist ein Mittel, sich gesellschaftlich zu positionieren, beispielsweise sich auf der Straße Respekt zu verschaffen:

> [...] Techniken verbaler Manipulation, wie *Rappin'*, *Shuckin'* und *Whuppin'*, und Formen verbaler Herausforderung, wie *Signifyin'*, *Toastin'* und *Playin' the dozens*, sind sprachliche Mittel, die vornehmlich mit der Feststellung von sozialen Rollen bzw. sozialem Status zu tun haben.[9]

Diese Verhandlung sozialer Rollen läuft oftmals über die Herabwürdigung des Gegners und seiner Familie oder '*posse*', das sogenannte '*dissing*'[10]. Das verbale Kräftemessen spielt vor allem unter afroamerikanischen Männern eine Rolle, wo ritualisierte verbale Auseinandersetzungen auch für die Konstruk-

---

[7] Salaam, "Aesthetics", 306.

[8] "Not for nothing is rap a voice-based form with an exceptionally strong sense of presence. The aesthetic question about this postmodern music, at least, concerns not meanings and their interpretations – identity translated into discursive forms which have to be decoded – but *mutual enactment*, identity produced *in* performance." Frith, "Music and Identity", 115.

[9] Buß, Christoph. "Vom Boasting-Blues zum Angeber-Rap. Zur Tradition und Aktualität eines verbalen Rituals in der afro-amerikanischen Musik". *Mainstream – Underground – Avantgarde: Rockmusik und Publikumsverhalten*. Hg. Helmut Rösing. Beiträge zur Populärmusikforschung 18. 1996: 36. Eine detaillierte Beschreibung einiger verbaler Rituale findet sich bei Baber: "Boasting is another technique frequently employed in Black communication. [...]. Whether it appears as highly stylized poetry or conversational prose, boasting depends on dramatic delivery, exaggeration, connotation, symbolism, and flowery imagery for its effect. Sometimes called 'toasting', bragging is a kind of self-compliment that points, with exaggerated emphasis, to the attributes or actions of an individual, or to the collective entity of blacks. These may include physical strength, bravery, sexual prowess, creative ability, persistence, endurance, imagination, finesse, cunning, or the 'quick retort' that overwhelms one's opposition to the point of speechlessness." Baber, "Artistry and Artifice", 89.

[10] "The dis element informs all rap styles, and MCs must be able to perform dis to gain a modicum of acceptance and respect. It has been argued that the dis element in rap reinforces the macho tendency in African American male culture." Perkins, "Introduction", 10.

tion einer männlichen Identität wichtig sind. Darauf verweisen Majors und Billson:

> Adherence to masculinity and toughness is often displayed through ritualistic storytelling and accounts of successfully managing conflict or tight situations.[11]

Sprachliche Kompetenz und die Fähigkeit zur Kodierung von Aussagen spielt jedoch nicht nur bei der 'männlichen' Identitätsbildung eine zentrale Rolle, sondern war in der Geschichte der afroamerikanischen Bevölkerung ein wichtiges Mittel, sich gegen Unterdrückung zur Wehr zu setzen. So war es wichtig, eine eigene Sprache innerhalb des Englischen zu finden. Ein Rückgriff auf eine gemeinsame Heimatsprache war, anders als bei anderen ethnischen Gruppen, zur Unterstützung einer gemeinsamen Kultur nicht möglich[12]. So führt Freund aus:

> Um die traumatischen Erfahrungen unter dem System der Sklaverei und seinen Grundwiderspruch zwischen Existenz und Körper, zwischen 'visibility' und 'invisibility' ertragen zu können, war der adäquate Gebrauch von Sprache von besonderer Bedeutung.[13]

Die Kommunikation innerhalb der schwarzen Bevölkerung verlief nach besonderen Mustern. Einige dieser Muster lassen sich heute teilweise noch im Rap wiederfinden, z.B. das Muster von 'call-response', das als Dialog zwischen Rapper und Backgroundchor im Rap auftaucht und ein wichtiges Element der Bestätigung durch die Gruppe ist:

> [...] the street rapper delivers his message against the background of finger-popping, hand-clapping and encouragements of his friends. [...]. It is a means of expression for both the individual and the group. It reaffirms the bonding among Afro-Americans.[14]

Diese distinktiven oralen Traditionen blieben auch nach der rechtlichen und politischen Gleichstellung der Afroamerikaner bestehen. Die vom Sprachgebrauch der Stammkultur abweichenden Muster haben zur Folge, daß es bei der Interpretation von Rap häufig zu Mißverständnissen kommt:

---

11 Majors/ Billson, "Cool Pose", 91. Siehe auch. "Die Funktion der in diesem Zusammenhang relevanten Kommunikationsformen ist entweder expressiv oder expressiv und direktiv zugleich." Buß, "Angeber-Rap", 37.

12 Vgl. White, Marilyn, M. "We Are Family!: Kinship and Solidarity in the Black Community." *Expressively Black – The Cultural Basis of Ethnic Identity*. Hg. Geneva Gay und Willie L. Barber. New York: Praeger, 1987: 20.

13 Freund, Jürgen. "Droppin' Dope Rhymes – Rap: der musikalische Diskurs der HipHop Kultur". *Forum Musikwissenschaft*. Bd. 3 (1986): 58.

14 Baber, "Artistry and Artifice", 95. "Call-response performances and expressions are highly symbolic 'signals' and cultural cues with a meaning shared among Afro-Americans." Baber, "Artistry and Artifice", 96.

> Wem weder die historische Dimension verbaler Rituale noch ihre tiefe Verwurzelung in der schwarzen Alltagskultur geläufig ist, dem fällt es schwer, ausgiebig ausgeschmücktes Angeben und Prahlen als eine Form oraler Kunst anzusehen.[15]

Ähnlich wie im Punk sind die Namen, die Rapper sich geben, ein wichtiges Element der Selbstdefinition.

> Central to the DJ verbal style was the elaborate rite of passage of naming, of creating an identity and personality that could not be matched. This naming ritual is another essential element in rap's structure. African American rappers adopt names that confer identity and separate them from the horde, while celebrating attributes that embody the personality the name gives. Rhyming and naming thus becomes a rapper's birthright, contributing to his or her image and personality.[16]

Beispiele hierfür sind Bandnamen wie 'Above The Law', 'Naughty By Nature', 'Gravediggaz', deren Namen illegale oder kriminelle Aktivitäten suggerieren, aber auch Namen wie 'Poor Righteous Teachers'[17] oder 'KRS-One' (Akronym für 'Knowledge Reigns Supreme – Over Nearly Everything'), die sich auf den aufklärerischen Anspruch von Rap beziehen.

Die Aufgabenteilung innerhalb einer Rapformation weicht vom typischen Schema von Rock- und Popbands ab. Im Rap stehen sich traditionell der DJ ('*DiscJockey*'), der alte Schallplatten in neuen Kombinationen zusammenmischt, und der MC ('*Master of Ceremony*')[18], der über diesen Soundteppich darüber rappt, gegenüber. Da traditionelle Instrumente nur am Rande eine Rolle spielten, gewann die Rolle des DJs an Bedeutung. Es ging nicht mehr um das Abspielen von Platten, sondern vielmehr darum, die darauf enthaltenen Sounds zu zerlegen und neu zusammenzusetzen. Mit dem Aufkommen neuer Technologien kamen die verwendeten Sounds nicht nur von anderen Tonträgern, sondern wurden in Sampler eingespeist, wo sie verändert und weiterverarbeitet werden konnten.[19] Diese Arbeitsweise wurde prägend für danceorientierte Genres, wie etwa Jungle, House und Techno.

---

15 Buß, "Angeber-Rap", 38.

16 Perkins, "Introduction", 5.

17 Dieser Name lehnt sich an die '*Five-Percenter*'-Theorie an, nach der fünf Prozent der Menschheit 'poor righteous teachers' sind, die die anderen auf den Weg der Erkenntnis bringen sollen. Vgl. Allen, "Message Rap", 166.

18 "The MC, as the rapper was known, developed a basic lyrical style, mixing elements of street jargon and slang, personal experience, and an occasional dose of humor to create a potpourri of simple verses that could function as both match and counterpoint to the DJ. [...]. MCs had to be authoritative, assertive, and hard-hitting." Perkins, "Introduction", 10.

19 "Rap ist DJ- und MC-Musik. Break Beats und Sprechgesang, später auch Noise Samples, Melodien-Samples, andere Samples." Jacob, "Public Enemy", 26.

Trotz der Bedeutung des innovativen DeeJayings und Sampelns für die Entwicklung der Pop- und Rockmusik stehen beim Rap nicht die technische Umsetzung, sondern die Texte im Vordergrund[20]. Wie oben ausgeführt, stellt die Interpretation von Raptexten den Kritiker vor einige Probleme. Wie ist beispielsweise die stark zugespitzte Brutalität in einigen Raptexten zu verstehen? Wie wörtlich kann man diese Texte nehmen? Heizen sie die zunehmende Gewalt in der amerikanischen und insbesondere der afroamerikanischen Gesellschaft weiter an? Oder ist es vielmehr so, daß die Gewalt, die in der Sprache angelegt ist, gegen die Art, wie Gewalt und Kriminalität diskutiert wird, gerichtet ist? Werden nicht vielmehr bestimmte gesellschaftliche Tabus zugespitzt aufgegriffen und damit zum Thema gemacht?

Der Afroamerikaner, der sich selbst oder einen anderen Schwarzen als '*nigger*' bezeichnet, subvertiert die in der Sprache angelegte gesellschaftliche Hierarchie. Er spricht aus der Position dessen, der die Macht und das 'Recht', andere zu beleidigen hat. Zwar erkennt er damit in gewisser Weise diese Hierarchie an, zerstört aber gleichzeitig die Wirksamkeit hierarchisierender Sprache[21]. Dieses Beispiel ist exemplarisch für die Verwendung von Sprache im 'Gangsta' Rap. Trotz der damit einhergehenden Infragestellung gesellschaftlicher Hierarchien ist dieser Form des Umgangs mit Sprache ein Nihilismus zu eigen, da keine Alternativen geboten werden.

Auf negativen Zuschreibungen seitens der Gesellschaft wird Bezug genommen, die verwendeten Begriffe werden aufgenommen und positiv umgedeutet. Dieser Prozeß beinhaltet aber keine eigene Definition, sondern bewegt sich in den Grenzen, die vom Diskurs der Dominanzkultur vorgegeben werden. Im Rap gibt es jedoch auch Gegenbewegungen zu diesem Trend, die Wert darauf legen, positive Modelle für die schwarze '*community*' und eine Utopie für die afroamerikanische Diaspora zu entwerfen, entweder auf eine hippie-orientierte, esoterisch-ländliche Weise, wie etwa bei 'Arrested Development'[22]. Weitaus häufiger ist die Bezugnahme auf nationalistische Konzepte, wie etwa dem der 'Nation of Islam' (wie es zum Beispiel 'Public Enemy' tun[23]).

---

20 "But regardless of thematic content, both country and rap lyrics work under a verbal mandate; the words are the central element of the songs." Armstrong, "Rhetoric of Violence", 66.

21 Vgl. Major, "Juba To Jive", 319-320. Siehe auch Reynolds/ Press, *Sex Revolts,* 318.

22 Vgl. Mayer, "Schmutzige Fakten", 159-161.

23 "Public Enemy pioneered 'conscious' or 'righteous' rap, they took the pre-political rage of '*gangsta*' rap and gave it political articulation, just as the Black panthers had tried to mobilize the delinquency of young black street hoods." Reynolds/ Press, *Sex Revolts,* 77.

Im folgenden sollen einige Beispiele aus 'N.W.A.'- und 'Public-Enemy'-Texten diese unterschiedlichen Ansätze verdeutlichen. 'N.W.A.' betrachten sich als Reporter von der Straße, die das Leben im Ghetto lediglich deskriptiv wiedergeben[24], und deren Beschreibungen sich weitgehend um Drogen, Geld, Frauen und Konfrontationen mit der Polizei drehen, ohne den Anspruch, gesellschaftliche Alternativen zu benennen[25]:

> Ice Cube will swarm/ On any muthafucka in a blue uniform/ Just cuz I'm from the CPT, punk police are afraid of me/ A young nigga on a warpath/ And when I'm finished, it's gonna be a bloodbath/ Of cops, dyin' in LA/ Yo Dre, I got something to say.[26]

Dieser Text brachte 'N.W.A.' Ärger mit dem FBI und ihrer Plattenfirma ein. Sie inszenieren den jungen urbanen Afroamerikaner als einsamen Krieger; homophobe und sexistische Ausfälle sind dabei nicht selten:

> So we started lookin' for the bitches with the big butts/ Like her, but she keep cryin'/ 'I got a boyfriend'/ Bitch stop lyin'/ Dumb-ass hooker ain't nuttin' but a dyke.[27]

Auch die Aussagen von 'Public Enemy' erzeugten Kontroversen, weniger wegen sexistischer, sondern vor allem wegen politisch umstrittener Äußerungen, wie etwa antisemitischer Bemerkungen, die letztendlich zu dem Rauswurf des Bandmitglieds Professor Griff führten[28]. Sie bezeichnen Frauen nicht durchgehend als 'bitches', sondern fordern vielmehr Respekt für schwarze Frauen und sehen in ihnen die Zukunft der '*community*'.

---

24 Diesen Anspruch äußert das 'N.W.A.'-Bandmitglied Eazy-E. "Es gab überhaupt nur einen Vorwurf, gegen den sich Eazy E. wehren wollte: nämlich den, N.W.A. glorifizierten Gewalt Schwarzer gegen Schwarze. Er sei nur Reporter der Straße, pflegt der ehemalige Pfadfinder Eric Wright regelmäßig darauf zu antworten, er reihe nur unkommentiert Fakten aneinander." Schneidinger, Dirk. "Hustler's Convention – Leck mich, Afrika". *Spex*. September 1990: 39. Damit geben 'N.W.A.' sich eine Aura von Authentizität. Vgl. etwa die Eröffnungszeile der 'N.W.A.'-LP/CD *Straight Outta Compton*: "You are now about to witness the strength of street knowlegde."

25 Vgl. "Do I look like a mutha fuckin role model?/ To a kid lookin' up ta me/ Life ain't nothin but bitches and money/ Cause I'm tha type o'nigga that's built ta last." N.W.A., "Gangsta Gangsta", *Straight Outta Compton*.

26 N.W.A., "Fuck Tha Police", *Straight Outta Compton.*

27 N.W.A., "Gangsta Gangsta", *Straight Outta Compton.* Siehe auch: "I don't know if they fags or what/ Search a nigga down and grabbin' his nuts." N.W.A, "Fuck Tha Police", *Straight Outta Compton.* Oder auch: "There's another girl in tha dopeman's life/ Not quite a bitch, but far from a wife/ She's called strawberry and everybody know/ Strawberry Strawberry iz tha neighborhood hoe." N.W.A., "Dopeman", *Straight Outta Compton.*

28 Professor Griff hatte der *Washington Post* ein Interview gegeben, in dem er unter anderen die Judenpolitik von Idi Amin gelobt hatte. Vgl. auch Jacob, *Agit-Pop*, 202-205.

> Sister (hey) soul sister/ We goin' be all right/ It takes a man to take a stand/ Understand it takes a/ Woman to make a stronger man/ (as we both get strong)/ [...] / Just set my sister free/ R-e-s-p-e-c-t my sisters, not my enemy/ (Cause we'll be stronger together)/ And make the suckers say/ (Damn) this generation.[29]

Nichtsdestotrotz sind Ausfälle gegen Frauen, die nicht in die Wunschprojektion von der stolzen und solidarischen schwarzen Frau passen, nicht selten:

> The Woman makes the men pause/ And if you got a woman/ She might make you forget yours/ There's a 5 letter word/ To describe her character/ But her brains being washed by an actor/ And every real man that tries to approach/ Come the closer he comes/ Gets dissed like a roach.[30]

Insgesamt haben die Aussagen von 'Public Enemy' einen aufklärerischen Tenor[31], sie nehmen eine nationalistische, aus dem Afrozentrismus abgeleitete Position ein. Sie richten Appelle vorwiegend an andere afroamerikanische Männer, bei denen sie die Verantwortung für die Verbesserung der Lebensbedingungen der schwarzen Bevölkerung verorten. So ist das Stück "Rightstarter – (Message to A Black Man)" ein Plädoyer gegen Gewalt unter der schwarzen Ghettobevölkerung:

> Every brother should be every brother's keeper/ But you shot with your left while your right was on your beeper.[32]

Der Zustand der afroamerikanischen Gesellschaft und ihr Verhältnis zum weißen Amerika ist ein Dauerthema bei 'Public Enemy'[33]. Trotz ihrer

---

29 Public Enemy, "Revolutionary Generation", *Fear Of A Black Planet.*

30 Public Enemy, "She watches Channel Zero", *It Takes A Nation of Millions to Hold Us Back.* Besonders jene Frauen, welche die 'schwarze Rasse' verraten, indem sie sich mit weißen Männern einlassen, sind aus nationalistischer Sicht zu kritisieren: "Cause you got a gold tooth, she thinks you're wild/ She don't want a brother that's true and black." Public Enemy, "Sophisticated Bitch", *Yo! Bum Rush the Show.* Auch für ein lustbetontes Leben haben 'Public Enemy' nicht viel übrig: "When I get to the beach, the ground's so sandy/ Girls on my jock like ants on candy". Public Enemy, "M.P.E.", *Yo! Bum Rush the Show!.*

31 Vgl. Chuck D. von 'Public Enemy' im Interview mit Peter Jebsen: "Wenn du ein guter Reporter sein willst, mußt du noch einen Schritt weiter gehen und irgendein eigenes Bewußtsein entwickeln." Jebsen, Peter. "Interview mit Chuck D." *Spex*, Juni 1990: 29.

32 Public Enemy, "Rightstarter – (Message To A Black Man)", *Yo! Bum Rush The Show.*

33 Wie sich an folgender Gegenüberstellung zeigt: "Black history – white lie/ Black athletes – white agents/ Black preacher – white Jesus/ Black drug dealer – white government/ Black entertainers – white lawyers/ Black monday – white Christmas/ Black success story – white wife/ Black police – white judge/ Black business – white accountants/ Black record co – white distribution/ Black comedians – white media/ Black politicians – white president/ Black genocide – white world order." Public Enemy, "White Heaven/ Black Hell", *Muse Sick N Hour Mess Age.*

Bezugnahme auf die '*community*' inszenieren sich 'Public Enemy' als einsame Kämpfer und Rebellen:

> I'm a MC protector, U.S. defector/ South African Government wrecker/ Panther power, you can feel it in my arm/ Lookout y'all cause I am a timebomb.[34]

Die afrozentrische Position, die 'Public Enemy' einnehmen, führt dazu, daß die afroamerikanische Bevölkerung als relativ homogene Gruppe konstruiert wird und 'Public Enemy' für sich in Anspruch nehmen, für das 'schwarze' Amerika zu sprechen[35]. So Reyolds/ Press:

> Where gangsta rap mostly speaks as a tyrannical 'I', righteous rap is about a totalitarian 'we'.[36]

Die Frage, wer die afroamerikanische '*community*' vertreten darf, ist umstritten[37]. Auch die Auseinandersetzung darüber, welche Folgen die Texte von 'Gangsta' Rap für die Repräsentation der schwarzen Bevölkerung haben und welchen Einfluß sie auf die jugendlichen Rezipienten ausüben, verläuft heftig. Die Brutalität in den Texten mit der Brutalität in den Ghettos in Zusammenhang zu stellen, wäre auf jeden Fall eine unzulässige Verkürzung[38]. Eher ist es zutreffend, von einer Selbstpositionierung der Rapper zu sprechen, die es vermeidet, inkorporiert oder für die Gesellschaft brauchbar gemacht zu werden. Auch ist die Bezugnahme auf kriminelle Aktivitäten nicht unbedingt wörtlich zu nehmen. Sie dient vielmehr als Metapher dafür, sich seinen Platz in der Gesellschaft selbst auszusuchen.

---

34 Public Enemy, "Timebomb", *Yo! Bum Rush the Show.*

35 "Where both visionary and gangsta rap may manifest an antisocial character with respect to the dominant society, gangsta rap is antisocial with respect to the black community itself. […]. And where gangstas seem to fall back on individualistic solutions to social problems, the vision oriented tends towards more collective ones." Allen, "Message Rap", 169.

36 Reynolds/ Press, *Sex Revolts,* 78. Vgl. auch Ebron: "[Public Enemy] are key players in both the cultural expression of politics and community and in the questions: who shall represent the race and how is it to be represented." Ebron, "Performing Gender", 25.

37 Vgl. Ebron: "[…] I would question any analysis that suggests that rap performance reflects 'the Black experience' or 'youth culture' as though these were homogeneous uncontested realms of social life." Ebron, "Performing Gender", 24.

38 Die 'drive-by-shootings' unter Rappern und die Gewalt innerhalb der Rapszene nehmen zu. Dennoch bleibt offen, welche Rolle die gewalttätige Rhetorik im Rap dabei spielt.

6.2. Rap und Stil, Mode und Tanz

Auch in der Hiphopkultur spielen Kleidung und Frisuren eine große Rolle. Allerdings stehen diese Stilmerkmale nicht so im Vordergrund, wie es etwa bei Punk der Fall war. Hinzu kommt, daß Rap im Verlauf seiner Geschichte viele modische Entwicklungen durchlaufen hat. Insofern kann man nicht von einem kohärenten, auch außerhalb des subkulturellen Kontextes wiedererkennbaren Stil sprechen. Die Hiphopkultur hat viele modische Trends geschaffen, wie etwa Straßenbekleidung, die sich an Sportkleidung anlehnt. Über den von einer breiten Masse rezipierten und sehr modewirksamen sportlichen Stil hinaus gab es immer wieder Künstler, die sich auf phantasievolle Art und Weise kostümierten. So wurden beispielsweise Anleihen bei der Science-fiction-Ästhetik genommen. Auch wurden gelegentlich afrikanische und 'black muslim'-Elemente (z.B. deren Kopfbedeckung) integriert.

Während in der Anfangszeit praktische, billige Kleidung, meist aus zweiter Hand, dominierte, wurden Trainingshosen, Kapuzenpullis, aber vor allem die in immer größerer Vielfalt vermarkteten Turnschuhe zunehmend vom Nutz- zum kostbaren Statusobjekt. Die Kleidungslabel wurden zum entscheidenden Distinktionsmerkmal in der Hiphopkultur:

> Hip hop attests use style as a form of identity formation that plays on class distinctions and hierarchies by using commodities to claim the cultural terrain. Clothing and consumption rituals testify to the power of consumption as a means of cultural expression. Hip hop fashion is an especially rich example of this sort of appropriation and critique via style.[39]

Rose betrachtet die Markenfixiertheit in weiten Teilen der Rapkultur als Zeichen einer kritischen Auseinandersetzung mit der Bedeutung ökonomischer Statussymbole. Ihr Ansatz ist interessant, greift aber im konkreten Zusammenhang etwas kurz, weil sie das kritische Bewußtsein zu sehr in den Vordergrund rückt und den gesellschaftlich affirmativen Charakter eines

---

[39] Rose, *Black Noise*, 36. Die folgende, von Baake ursprünglich im Zusammenhang mit den Teddyboys gemachte Beobachtung läßt sich auch auf die Verwendung der Mode im Rap anwenden: "[...] die Teddyboys hingegen verwirren die Unterscheidungen, indem sie sich einer Kleidung bedienen, die ihnen eigentlich nicht 'zusteht'. Zwar gelingt es ihnen nicht, sich das Kapital anzueignen, indem sie es sozialisieren, aber sie nehmen seinen *Ausdruck* in Besitz. Damit zerstören sie die Zeichen für gesellschaftliche Differenzierungen (die hinter dem Rücken der Mode natürlich bestehen bleiben), und immer neue Dechiffrierarbeit wird notwendig, um sich [...] zurechtzufinden." Baake, Dieter. "Wechselnde Moden – Stichwörter zur Aneignung eines Mediums durch die Jugend". *Jugend und Mode*. Hg. Dieter Baake [u.a.]. Leverkusen: Leske & Budrich, 1988: 36.

solchen Konsumverhaltens vernachlässigt. Allen betrachtet das Distinktionsverhalten im Rap wesentlich kritischer:

> With the rapid growth of inner-city youth groups and the crack-cocaine trade in the 1980s, the social identities of African-American youths in urban areas became increasingly tied to conspicuous commodity consumption: the wearing of expensive jumpsuits, sneakers, watches, rings, thick gold chains [...] and the like.[40]

Subversiv ist das Sich-Schmücken mit Markenartikeln beispielsweise, wenn es mit Markenfälschungen oder Schmuckimitaten geschieht, weil so das auf Ausschlußmechanismen beruhende System der Geschmacksbildung ad absurdum geführt wird. Auch dies geschah teilweise in der Hiphopmode. Allein das Tragen teurer oder teuer aussehender Kleidung ist jedoch noch keine subversive Tat, auch wenn Roses Interpretation bei einer differenzierten Analyse ein hilfreicher Ansatz sein kann[41].

Die Betonung von Sportlichkeit in der Rapmode ist durch die zumindest anfänglich enge Verbindung zum Breakdance zu erklären. Insgesamt suggeriert die Mode im Rap Beweglichkeit und Stärke und ist körperbetont. Um diese Stärke zu betonen, wird neben Sportkleidung auch Armeekleidung in den Rapstil integriert. Dies ist bei 'Public Enemy' ein wichtiges Element ihres Outfits, mit dem sie auf die 'Black Panther'-Ästhetik rekurrieren[42]:

> Because of their tactic of using visibility and militancy as a threat, they became dubbed the 'Black panthers of rap'.[43]

Der visuell provokante Stil von 'Public Enemy' stellt im Rapkontext eine Ausnahme dar. Insgesamt spielt Kleidung als Präsentationsfeld von Weltanschauungen eine geringere Rolle als etwa im Punk. Im Falle von 'N.W.A.' beispielsweise ging mit ihren sonst sehr provokanten Inszenierungen kein signifikanter modischer Stil einher.

Anders als im androgynen Punk kleiden sich männliche und weibliche Rapper und Fans sehr geschlechtsspezifisch. Frauen präsentieren sich im

---

40 Allen, "Message Rap", 171.

41 "Exceptionally large 'chunk' gold and diamond jewelry (usually fake) mocks, yet affirms the Gold fetish in Western trade; fake Gucci and other designers emblems cut up and patch-stitched to jackets, pants, hats, wallets, and sneakers in costum shops, works as a form of sartorial warfare (especially when fake Gucci covered b-boys and b-girls brush past Fifth Avenue ladies adorned by 'the real thing'" Rosc, *Black Noise*, 37-38.

42 "In einer Zeit als die anderen Rapper unter dem Gewicht ihrer Goldketten schon gebückt gingen, setzten Public Enemy dem Trend einfache und billige Kleidung entgegen. Was die Gruppe vom Rest der Szene unterschied, war die Militanz in Image wie in ihren Botschaften, verbunden mit einem wilden, dicht und voll beladenen Sound [...]." Toop, *Rap Attack*, 204.

43 Nelson/ Gonzales, *Bring The Noise*, 178.

Rahmen eines klassischen Schönheitsideals, beispielsweise mit Designerkleidern. Ästhetische Einflüsse, die von Frauen in die Rapkultur eingebracht wurden und die die gesamte Kultur beeinflußten, gibt es kaum. Männer dominieren ästhetisch und quantitativ die Rapszene. Im Bereich des Breakdance ist dieses Verhältnis noch deutlicher:

> Hip hop dance is clearly masculine in style, with postures assertive in their own right as well as in relation to a female partner. In its early stages, hip hop rejected the partnering ritual between men and women; at a party or dance, hip hop dance was performed between men or a lone man.[44]

Hier ist eine Parallele zu Punk zu erkennen, wo auch allein, und nicht partnerorientiert, getanzt wurde. Tanz im Rap ist ein wichtigeres Element als im Punk. Tanz ist hier ein Ausdruck männlicher Solidarität und weist dennoch Verbindungen zu anderen afroamerikanischen Tänzen auf, die eher partnerbezogen waren[45]. Nicht zu unterschätzen ist die psychologische Funktion:

> Hip hop dance permits and encourages a public (and private) male bonding that simultaneously protects the participants from and presents a challenge to the racist society that marginalizes them.[46]

Breakdance entstand Anfang bis Mitte der 70 Jahre und erlebte zu Beginn der 80er Jahre einen Boom, der sich unter anderem in einigen Filmen über die Breakdance- und Graffitikultur manifestierte. In diesem akrobatischen Tanzstil sind viele Elemente enthalten, die sich auf die im Rap verwendeten Posen auswirkten. So gibt es Anleihen bei asiatischen Kampfsportarten und in der Pantomime. Durch die Imitation der Bewegungsabläufe von Maschinen wird eine roboterhafte technische Ästhetik geschaffen. Breakdance hat einen sehr kompetitiven Charakter und findet meist auf der Straße statt. Er verlangt Ausdauer, Koordinationsfähigkeit und eine ausdifferenzierte Motorik[47]. Die Choreographie dessen, was man, z.B. in Musikvideos als Rapdance wahrnimmt, beinhaltet Elemente von Breakdance, ist aber ebenso von anderen afroamerikanischen und modernen Discotänzen beeinflußt[48]. Rapdance ist zwar deutlich partnerorientierter[49], aber trotzdem noch männlich dominiert. So Hazzard-Donald:

---

44 Hazzard-Donald, "Dance", 225.

45 Hazzard-Donald, "Dance", 227.

46 Hazzard-Donald, "Dance", 227.

47 "Breakdancing involved acrobatics that used headspins, backspins, moonwalking (a recycled version of the late 1950s, early 1960s dance the creep), waving, and the robot." Hazzard-Donald, "Dance", 226.

48 Siehe auch Hazzard-Donald, "Dance", 228.

49 Vgl. Hazzard-Donald, "Dance", 225-7.

> Though I would not categorize rap dance as a dance of celebration, it does appear to celebrate male solidarity, strength and competitiveness, themes that might be expected to emerge via the social dance in an era of high black male unemployment and of scarce jobs for which men are increasingly forced to compete with women[50]

6.3. Rap und Video

Im Unterschied zu Punk, der zu einer Zeit entstand, als es Musikvideos und MTV noch nicht gab, spielen Videos für die Repräsentation und Vermarktung von Rap eine große Rolle. Während bis weit in die 80er Jahre hinein schwarze Künstler von MTV, dem größten Spartensender für Musikprogramme, aus ökonomischen Erwägungen weitgehend boykottiert wurden[51], stellen Rap-videos heute einen großen Anteil an den ausgestrahlten Musikclips dar. Videos sind auch das Medium, mit dem Rap sich ein weißes Publikum erschloß. Trotz der Bedeutung, die Videos für die Verbreitung von Rap hatten, ist fraglich, ob die Analyse von Musikvideos für das Verständnis von Jugend- und Subkulturen hilfreich ist:

> Tatsächlich haben viele ästhetische Elemente in Videoclips wenig mit jugendkulturellen Erscheinungsformen gemein, sondern sind auf Kommunikationsprozesse und Entwicklung eines Musikproduktes innerhalb der Produktionsindustrie zurückzuführen. [...] Bei genauerer Betrachtung der Produktionsbedingungen muß bezweifelt werden, daß Videoclips ein wichtiger Schlüssel zum Verstehen von Jugendkulturen sind.[52]

Trotz dieser Einschränkungen möchte ich die Rolle von Musikvideos für die Präsentation eines Künstlers beschreiben, da diese vor allem auf der Rezipientenseite Auswirkungen auf das Verständnis einer Subkultur haben. Zudem erscheint die Verknüpfung von subkulturellem Stil und der Repräsentation von Rap in Videoclips enger, als dies in anderen Genres der Fall ist.

---

50 Hazzard-Donald, "Dance", 227.

51 So befürchtete MTV, daß die Ausstrahlung 'schwarzer' Videos die eigentliche Zielgruppe (weiße Mittelschichtsjugendliche) verschrecken könnte: "MTV followed the music industry in defining 'rock' in essentially racist terms, as a form of music that excluded blacks. It based its playlist on the 'narrowcasting' principle of American radio that viewed rock and 'urban contemporary' (i.e., dance music, often produced by black artists) as incompatible." Goodwin, Andrew. "Fatal Distractions: MTV Meets Postmodern Theory". *Sound and Vision – The Music Video Reader*. Hg. Simon Frith, Andrew Goodwin und Lawrence Grossberg. London und New York: Routledge, 1993: 49.

52 Pape/ Thomsen, "Analyse von Videoclips", 210.

6.3.1. Allgemeines zu Musikvideos

Musikvideos sind ein Medium, das sich im Verlauf der 80er Jahre entwickelt und für die Präsentation von Musik immer größere Bedeutung erlangt hat. Dabei haben sich viele Subgenres herausgebildet. Während Videos in ihrer Anfangszeit oft Liveperformances dar- oder nachstellten, wurden im Laufe der Zeit abstrakte Visualierungen der Musik oder das Erzählen einer kurzen Story immer häufiger. Die Popularität von MTV und die künstlerische Bedeutung, die dem Genre binnen kurzer Zeit beigemessen wurde, führte auch zu einer verstärkten kritischen Auseinandersetzung mit Musikvideos.

Vereinfachend gesprochen gibt es zwei wesentliche Arten, sich dem Medium zu nähern. Ein Interpretationsansatz von Musikvideos versteht diese als die ultimativ postmoderne Form, als Fernsehen, auf die Spitze getrieben. Nach diesem Verständnis ist die Ästhetik von Musikvideos und ihre Art der Präsentation typisch für das Medium Fernsehen[53]. Dieser Ansatz orientiert sich vor allem an visuellen Elementen von Videoclips und läßt die Musik relativ unbeachtet. Dieser Blick auf Musikvideos wurde erstmals von Ann Kaplan in *Rocking Around The Clock – Music Television, Postmodernism, and Consumer Culture* thematisiert. Der andere, von Andrew Goodwin vertretene Ansatz geht davon aus, daß Musikvideos in erster Linie den Genrekonventionen der Rock- und Popmusik folgen und der fernseh-theoretische Ansatz ihnen aus diesem Grunde nicht gerecht wird. Goodwin bemängelt, daß Ansätze aus der Filmanalyse bei der Interpretation von Musikvideos zu viel Beachtung finden. Er verweist darauf, daß die Visualisierung der musikalischen Expressivität in der Rock- und Popmusik eine lange Tradition hat und nicht an das Medium Fernsehen und seine postmoderne Ästhetik gebunden ist[54]. In seiner Lesart sind Musikvideos die logische Fortführung der Kunstform Pop- und Rockmusik.

Diese Diskussion ist nicht endgültig zu beantworten, da es viele verschiedene Formen von Musikvideos gibt, die unterschiedlichen ästhetischen Konventionen folgen[55]. Die Frage danach, inwiefern Musikvideos als ein

[53] Vgl. etwa Savage, der Musikvideos als die "perfect post-modern form" bezeichnet. Savage, "Tainted Love", 168. Siehe auch: "MTV's programming strategies embody the extremes of what is inherent in the televisual apparatus." Kaplan, Ann E. *Rocking Around the Clock – Music Television, Postmodernism, and Consumer Culture.* New York und London: Methuen, 1987: 4.

[54] "But visual spectacles (dancing, gestures, the display of virtuosity, lightning, smoke bombs, dry ice, back projection, etc.) have always worked in tandem with the music." Goodwin, "MTV Meets Postmodern Theory", 47.

[55] "Is there any clear aesthetic which dominates the internal dynamic of music video? The answer is clearly no; for every video that exhibits a 'postmodern' aestethic, there is another video built on more classical narrative or romantic aesthetic." Grossberg, "Cinema, Postmodernity and Authenticity", 187.

postmoderner Ausdruck oder als die Fortschreibung der Rock- und Popgeschichte in einem anderen Medium zu sehen sind, ist vor allem im Bezug auf den Mythos der Authentizität innerhalb der Rock- und Popmusik interessant. Grossberg konstatiert im Zusammenhang mit Musikvideos eine:

> [...] increasing erosion of the form of the relationship between fan and music which has characterized rock culture, what I will call the ideology of authenticity.[56]

Die Konstruktion der Identität eines Musikers wird zunehmend auch durch Musikvideos bestimmt, obwohl Videoclips nicht unbedingt eine Verknüpfung der Identität des Musikers mit der Identität einer Subkultur anstreben, sondern in ihrer Ästhetik zuallererst den Gesetzen der Vermarktbarkeit folgen.

Musikvideos und auch die zunehmende mediale Aufbereitung von Rockkultur in der Zeit nach Punk stellen einige Grundannahmen von Rockmusik in Frage, so etwa die Inszenierung von Rebellion[57]. Musikvideos brachten neue Formen und Möglichkeiten des Ausdrucks mit sich, implizierten aber durch den Charakter des Mediums Fernsehen eine emotionale Distanz zu diesem Ausdruck. So kann dieser Ausdruck nicht mehr als Zeichen von Authentizität gewertet werden. Die Konstruktion einer 'männlichen' Position in der Rockmusik hängt aber stark von dieser '*ideology of authenticity*' ab. Daraus läßt sich ableiten, daß die Konstruktion von '*gender*' von dieser Bedeutungserosion betroffen ist. Andererseits bieten sich durch die visuelle Präsentation von Musikvideos neue Möglichkeiten, Körperlichkeit und geschlechtliche Identität jenseits konventioneller Modelle darzustellen. Inszenierungen können mit Sorgfalt geschaffen und Referenzen subtiler eingesetzt werden, als dies beispielsweise in der Liveperformance möglich ist[58].

6.3.2. Wie funktioniert Rap im Musikvideo?

Rap läßt sich nicht eindeutig der einen oder anderen Form von Musikvideos zuordnen. Während Heavy-Metal-Videos sich beispielsweise stark an die Ästhetik einer Liveperformance anlehnen[59] und so ein Gefühl von "community

---

56 Grossberg, "Cinema, Postmodernity and Authenticity", 186.

57 Diese Sorge gründete sich "[...] less in a specific concern about possible new relationships between sound and image, than in a long-standing caution about the relationship between rock music as a culture of presumed resistance and television as the embodiment of mainstream show business and commercial culture." Straw, Will. "Popular Music and Postmodernism in the 1980s". *Sound and Vision. The Music Video Reader*. Hg. Simon Frith [u.a.]. London und New York: Routledge. 1993: 4.

58 "[...] pop is now culture in the situationist sense, with its own past, its own references, even its own marketing, as part of a seamless package." Savage, "Tainted Love", 168.

59 Pape/ Thomsen, "Analyse von Videoclips", 209-210.

and power"[60] erzeugen, läßt sich bei Rapvideos keine durchgängige Ästhetik beobachten. So vielseitig wie das Genre, so vielseitig sind auch die Videos. So sind manche Videos an '*performance*'-Situationen angelehnt, während andere 'narrativ' funktionieren. Da gibt es die rein auf Unterhaltung abzielenden Videos, die keine Geschichte erzählen, sondern in denen vorwiegend getanzt wird. Neben diesen Videos ohne direkte Handlung existieren auch Clips, die assoziativ oder realistisch eine Geschichte erzählen[61]. Zum Teil beschäftigen sich die Filmgeschichten analog zu den Texten im 'Gangsta' Rap mit der Gewalt in innerstädtischen Wohnbezirken und den Problemen der afroamerikanischen '*community*'. Daneben behandeln sie aber auch zwischenmenschliche Beziehungen oder andere universellere Themen. Insofern lassen sich keine grundsätzlichen Beobachtungen zu Rapvideos machen.

> [Hiphop-] Videoclips weisen fast alle oben benannten Ebenen auf. Angesichts dieser zu analysierenden Vielschichtigkeit bei der Musiksparte 'Hip Hop' führt eine Kategorisierung bis auf die Aussage, daß solche Videos in verschiedensten Ausprägungen der Performanz existieren, zu keinem Ergebnis.[62]

So sind keine spezifischen Inhalte, höchstens eine eigene Ästhetik in Musikvideos zu beobachten, die sich an die oben beschriebenen performativen Darstellungen orientiert. Tanz und Bewegung und eine Präsentation des Körpers, die Kraft und Geschwindigkeit suggeriert, sind zentrale Elemente dieser Ästhetik.

> Der Rapper wird in den meisten Fällen mit schnellen Zooms aus extremen Perspektiven in der Halbtotale gefilmt.[63]

Es gibt wenig völlig abstrakte Videos. So sind frei assoziative Videos oder solche, die mit Computeranimation virtuelle Welten darstellen (wie es etwa in Technovideos häufig der Fall ist) die Ausnahme. Wenn es eine Handlung gibt, ist diese meist auch aus dem Kontext der Bilder und des Textes nachvollziehbar. Die meisten Videos spielen im öffentlichen Raum. So wird die Verbundenheit mit den Dingen, die auf der Straße geschehen, demonstriert.

Die Mitglieder der Rapformationen sind in den Videos meist zu sehen. Hierin besteht ein Unterschied zu Videos aus anderen Genres, in denen oftmals eine von der Band völlig abgekoppelte Geschichte erzählt wird. Dieser Unterschied verweist auch auf die eingangs gemachte Beobachtung, daß

---

[60] Vgl. Walser, Robert. "Forging Masculinity: Heavy-Metal Sounds and Images of Gender". *Sound & Vision – The Music Video Reader*. Hg. Simon Frith, Andrew Goodwin und Lawrence Grossberg. London und New York: Routledge, 1993: 159.

[61] Für die verschiedenen Modelle zur Videoklassifikation vgl. Pape/ Thomsen, "Analyse von Videoclips", 203-205.

[62] Pape/ Thomsen, "Analyse von Musikvideos", 209.

[63] Pape/ Thomsen, "Analyse von Musikvideos", 209.

Rapvideos stärker als Clips aus anderen Genres an eine konkrete subkulturelle Identität anknüpfen. Eine Ausnahme bilden hier 'Public Enemy', die Videos als Aufklärungsfilme über die afroamerikanische Geschichte begreifen und so andere Ansprüche formulieren.

Interaktion zwischen den im Video gezeigten Menschen ist wichtig. Hinsichtlich der '*gender*'-Thematik ist zu beobachten, daß Frauen, die in den Texten oft eine marginale Rolle spielen, in Videos wesentlich stärker zur Geltung kommen und oft eine starke Position, als Freundin, Mutter oder Tanzpartnerin, einnehmen. Ob dies jedoch eine inhaltliche Aussage darstellt oder die Präsentation von Frauen vielmehr einem ökonomischen Kalkül folgt, ist in diesem Zusammenhang nicht zu klären.

Zusammenfassend läßt sich festhalten, daß die getroffenen Beobachtungen wenig Rückschlüsse auf die Mechanismen von Identitätskonstruktion in Rapvideos zulassen. Lediglich die Betonung von '*street credibilty*' läßt sich als Hinweis auf eine schwarze, maskuline Rapidentität interpretieren.

7. Parallelen und Unterschiede im performativen Ausdruck der Punk- und der Rapkultur

Performatives Verhalten ist nicht nur Selbstausdruck eines Individuums, sondern bezieht sich auf ein gesellschaftliches Umfeld. Dieses Umfeld kann beispielsweise die Zugehörigkeit zu einer Subkultur sein. Wie in den letzten beiden Kapiteln dargestellt, zeichnen sich sowohl die Punk- wie auch die Rapkultur durch eigene Ausdrucksformen und Alternativen zu konventionellen Modellen von Identität aus. Im nächsten Kapitel ist zu klären, inwiefern diese Identitätskonstrukte zu neuen Mustern in der Konstruktion von Geschlechteridentität führen und wo sie Kontinuitäten zu etablierten Konzepten von '*gender*' aufweisen. Zunächst möchte ich jedoch auf die Frage eingehen, an welchen Punkten performative Expressivität in Rap und Punk Parallelen aufweisen und wo sich unterschiedliche Ansätze und Ausdrucksformen erkennen lassen.

Sowohl im Punk als auch im Rap sind theatralische, ausdrucksstarke Gesten zur Verdeutlichung von Standpunkten zentral. Die Punkbewegung bedient sich konfrontativer visueller Elemente, während Rap auf eine extreme Rhetorik zurückgreift. Die Glaubwürdigkeit des einzelnen hängt stark von dem sicheren Umgang mit diesen Stilformen ab. Der Begriff Glaubwürdigkeit ist in diesem Fall jedoch nicht gleichzusetzen mit Authentizität. Glaubwürdigkeit beinhaltet vielmehr, insbesondere im Punk, daß mit dem Konzept Authentizität bewußt umgegangen wird und daß von bestimmten Mythen der Rock- und Popkulturgeschichte, die sich von dieser 'ideology of authenticity'[1] ableiten, Abstand gehalten wird. Trotzdem ist es nicht so, daß Punk sich von dem Konzept des Authentischen völlig verabschiedet hat. 'The Clash' beispielsweise maßen der Artikulation dessen, was sie als Realität verstanden, große Bedeutung bei. Auch der antikommerzielle Standpunkt, dem weite Teile der Punkbewegung folgten, impliziert, daß es eine tiefere Wahrhaftigkeit gibt, die gegen die Mechanismen der Kommerzialisierung zu schützen ist. Die 'Sex Pistols' ihrerseits wiesen jeden Anspruch auf Echtheit von sich und machten sich keine Sorgen darüber, was die mediale Repräsentation und die Mechanismen der Kulturindustrie von ihnen übrig lassen würden. In der Art und Weise, wie die 'Sex Pistols' Posen der

[1] Vgl. Grossberg, "Cinema, Postmodernity and Authenticity", 187. Diese 'ideology' beinhaltet etwa, daß der Künstler die Illusion der persönlichen Betroffenheit wahrt. Eine ironische Distanz zur eigenen Aussage war in den 1960er Jahren und in weiten Teilen der 1970er Jahre verpönt.

Rockkultur überspitzten und damit parodierten, war der Einfluß ihres kunsttheoretisch geschulten Managers Malcolm McLaren deutlich zu spüren[2]. Festzuhalten ist, daß der Umgang von Punk mit der 'ideology of authenticity' ziemlich ambivalent war[3].

Die Rapkultur hingegen hat mit dem Konzept Authentizität weniger Probleme. Authentizität hat in der afroamerikanischen Kultur einen anderen Hintergrund als in der 'weißen' Populärkultur[4]. Sie ist nicht mit denselben Mythen und Problemen beladen. So Potter:

> [...] within the African-American dialects of identity that hip-hop moves, authenticity and constructivism are not antagonistic but mutually resonant. Black Americans have always had to make *make something out of nothing,* to make use of material *at hand*; they have not been as heavily influenced by the ideology of the 'lone creative genius' for whom 'originality' is always such an obsession.[5]

Nichtsdestotrotz gibt es auch Parallelen zu der 'weißen' 'ideology of authenticity'. Authentizität ist auch hier ein zentrales Element maskuliner Identität. Die zusätzliche Verankerung in einer ethnischen Identität, die von der Dominanzkultur als 'authentisch' konnotiert ist, verfestigt diesen Mythos[6]. Ein ironischer Umgang mit der eigenen Identität ist ein seltener gewählter Ansatz, als dies beispielsweise in der 'weißen' Kultur der Fall ist[7].

Obwohl dies in der Rapkultur kaum hinterfragt wird, ist die Bezugnahme auf '*realness*', durch die Authentizität konstruiert wird, problematisch. Diese Konstruktion fördert einen Essentialismus, der eine Homogenität afroamerikanischer Erfahrungen suggeriert[8] und so, wie noch zu zeigen ist, eine heterosexuelle, männliche Identität privilegiert. Zu diesen inhaltlichen Problemen kommt, daß sich die Übertreibung und die Zuspitzung, die einer performativen Darstellung immanent sind, zu dem Ausdruck einer

---

[2] Vgl. Kapitel 3, Fußnote 6.

[3] "For punk – admit it – authenticity is always a pose. And as it recycles familiar anti-establishment conventions (using noisy technology and cut-up style to represent generational rebelliousness) while dismissing them (we all know what we're doing, but we'll do it anyway), pop-punk rebels all the way to the bank." Fuchs, "Alternative Masculinities", 184.

[4] Hier sei auch auf den 'expressive ethos' der afroamerikanischen Kultur verwiesen. Vgl. auch Gay, Geneva und Willie L. Baber. "Introduction". *Expressively Black – The Cultural Basis of Ethnic Identity.* Hg. Geneva Gay und Willie L. Barber. New York: Praeger, 1987: XVI-XVII.

[5] Potter, *Spectacular Vernaculars*, 121.

[6] Siehe auch Harper, *Are We Not Men?*, 71.

[7] Vgl auch Harpers Ausführungen zur '*Black Aesthetic*': "Ambivalence can have no place, after all, in the prosecution of such revolutionary program as the Black Aesthetic was supposed to represent." Harper, *Are We Not Men?*, 52.

[8] Siehe auch Harper, *Are We Not Men?*, IX-XI.

Wahrhaftigkeit, für die Authentizität steht, konträr verhält. Das Konzept von Authentizität kann somit nur als ein Darstellungskonzept unter vielen verstanden werden:

> All images, all realities, are affectively equal – equally serious, equally deserving and undeserving of being allowed to matter, of being made into the markers of one's own illusory authenticity, for all authenticity can only be illusory. The only possible claim to authenticity is derived from the knowledge and admission of your inauthenticity. [...]. Authentic inauthenticity says that authenticity is itself a construction, an image, which is no better and no worse than any other. Authenticity is, in fact, no more authentic than any other self-consciously created identity, and it has no more to do with subjective realities or objective relationships than the choice that anyone makes, at any moment, to present themselves according to the dictates of some cultural cliché[9].

Vernachlässigt man den Kontext des performativen Ausdrucks, läuft man Gefahr, die Form als Inhalt zu akzeptieren. So ist die von Künstlern als auch von Kritikern betriebene Gegenüberstellung authentischer und inauthentischer Formen des Selbstausdrucks eine Konstruktion, die über den inszenierten Charakter von Authentizität hinwegtäuschen soll.

Durch die Formen der Expressivität im Punk wird der Zuschauer mit dieser Ambivalenz oftmals konfrontiert; die Widersprüche sind in den Text von Punk schon eingebaut. Im Rap erfährt diese Problematik nur selten eine direkte Reflexion. Dies bedeutet jedoch nicht, daß die Rapszene der 'ideology of authenticity' völlig naiv gegenübersteht, vielmehr steht zu vermuten, daß die Konstruktion von '*realness*' bewußt eingesetzt wird, um afroamerikanische Identität anhand sorgfältig gewählter Repräsentationsstrategien umzusetzen.

> Durch Popkultur sind schwarze Künstler zu Produzenten geworden, ohne sich auf das Modell klassischer Autorenschaft einzulassen. Wenn Ice Cube reimt, sind Ich und Straße meistens eins. Das ist aber keine naive Unmittelbarkeit, sondern Strategie.[10]

Die Artikulation einer eigenen Identität im gesellschaftlichen Abseits ist sowohl im Rap als auch im Punk wichtig[11]. Die Themen des Punk leiten sich nicht aus einem einzelnen Diskurs ab, obwohl gesellschaftliche Desillusionierung und die damit einhergehende ökonomische Randstellung eine wichtige Rolle spielen. Im Rap hingegen steht die Verhandlung einer afroamerikanischen, kulturellen Identität im Vordergrund, wie auch in afroamerikanischen Musiken[12]. Der Diskurs über '*race*' überschattet alle

---

9 Grossberg, "Cinema, Postmodernity and Authenticity", 206.

10 Fricke, "Signifyer", 15.

11 Vgl. Armstrong, "Rhetoric of Violence", 79-80.

12 "[...] what we call 'black culture' is so intimately connected to the experience of slavery and subsequent oppression that it is necessarily linked to the struggles of a particular

anderen Diskurse. Er wird von den meisten Künstlern sowie der Mehrzahl der Kritiker als zentrales Thema im Rap verstanden. Im Zuge der Auseinandersetzung mit dieser Thematik werden Geschlechtsunterschiede eher festgeschrieben als aufgebrochen, wie unter 8.2. noch zu zeigen ist:

> As Black men respond to racism, at least in the performance of culture by rappers, they often leave unchallenged notions of maleness and femaleness.[13]

Eine Gegenüberstellung dieser beiden Genres macht nicht nur aufgrund ihres ähnlichen sozialen Kontextes Sinn. Auch initiierten beide durch neue Ausdrucksformen weitreichende Innovationen in der Pop- und Rockkultur. Beide Musikrichtungen vollzogen einen radikalen Bruch mit den Konventionen der Populärmusik[14].

Die Rekontexualisierung bereits existierender Texte spielt in beiden Genres eine wichtige Rolle. So beweisen Punk sowie auch Rap, daß es nicht notwendig ist, sich jahrelang im stillen Kämmerchen musikalische Perfektion oder ein ausgefeiltes kulturelles Konzept anzueignen, bevor man an die Öffentlichkeit treten kann. Vielmehr lassen sich im Verständnis von Rap und Punk originelle Aussagen vor allem dadurch treffen, daß man Bestehendes in einem neuen Kontext präsentiert und so dessen Struktur offenlegt und hinterfragt. Im Punk spielt sich diese Rekontextualisierung existierenden Materials vor allem im visuellen Bereich ab, während im Rap vor allem in der Musik durch die Technik des Sampelns dieser Ansatz umgesetzt wird.

Ohne Rap wären viele der die 90er Jahre prägenden Musikstile in der elektronischen Tanzmusik nicht denkbar gewesen. Die Dance-orientierten Genres führten, wie etwa auch der vom Punk beeinflußte New Pop in den 80er Jahren, zu einer Neuverhandlung von '*gender*'-Konstruktionen in der Rock- und Popmusik.

In der Art und Weise, wie Mode im Rap und im Punk instrumentalisiert wurde, lassen sich trotz aller vordergründigen Unterschiede strukturelle Parallelen erkennen. Sowohl bei Rap als auch bei Punk bestand der Reiz vor allem darin, sich Verbotenes anzueignen. Im Punk zogen sich die

---

racial group, not on the basis of their genetic characteristics, but because of their shared social experience. Perhaps, because of these particular socio-historical circumstances, there is simply an unusual degree of fit between race and culture in the case of black popular music." Garafalo, "Black Popular Music", 237.

13 Ebron, "Performing Gender", 27.

14 "Artistically […] the Sex Pistols and the punk movement have had a profound effect on the culture of their times. The repercussions of the punk style can still be seen today in music and fashion." Henry, *Break All Rules,* 115. Vgl. hinsichtlich Rap: "Over the last decade, rap has become the epicenter of pop music and a significant influence on fashion, visual arts and language." Pareles, Jon. "On Rap – Symbolism and Fear". *New York Times.* (2. Februar 1992): 1.

Protagonisten Dinge an, die als wertlos oder häßlich betrachtet wurden oder mit Tabus belegt waren. Rapper trugen Kleidung, die durch die Mechanismen der Geschmacksbildung einer anderen Gesellschaftsschicht vorbehalten sein sollten.

Trotz dieser Parallelen unterscheidet sich die Mode im Rap und Punk an einem für meine Analyse entscheidenden Punkt, nämlich der Frage, wie der Körper durch Mode und Accessoires inszeniert wird. Dieser Punkt ist auch für die im Kapitel 8 zu klärende Frage nach den Konstruktionen von Männlichkeit in Rap und Punk wichtig.

Während im Rap der Körper durch die Sportivität der Kleidung akzentuiert und in seiner Kraft und Stärke eher betont wird, inszeniert die Punkmode den Körper als etwas Gebrochenes und Krankes. Punk macht den Körper zur Projektionsfläche für eine innere Zerrissenheit. Eine glatte, harmonische Oberfläche wird im Punk gemieden, um keinesfalls die Illusion eines heilen Inneren zu vermitteln. Im Rap ist es gerade umgekehrt. Der Körper wird als funktionierendes, starkes Ganzes präsentiert:

> Toughness is a focal concern represented by a compound combination of qualities. First among these is physical prowess.[15]

Dies läßt sich auch hinsichtlich der Repräsentation von Sexualität beobachten, die im Punk vorwiegend als Perversion thematisiert wird. Im Rap gibt es auch Beschreibungen von unharmonischen sexuellen Beziehungen. Jedoch werden dafür meist die sozialen Rahmenbedingungen verantwortlich gemacht (z.B. zu wenig Geld, um eine Beziehung befriedigend zu gestalten). Der Körper an sich wird in einem sexuellen Kontext selten als Schwachpunkt begriffen. Vielmehr wird im Rap über Sexualität oft männliche Stärke demonstriert. Innere Gebrochenheit wird nicht über eine gebrochene Inszenierung des Körpers, sondern, wenn überhaupt, in den Texten thematisiert.

Das konfrontative und aggressive Auftreten von Rap und Punk führte dazu, daß es auf beide Genres vergleichbare öffentliche Reaktionen gab. Beide wurden von den Medien und der ‘öffentlichen Meinung’ zu Feindbildern, teilweise auch zur Gefahr für die Jugend oder gar die innere Sicherheit stilisiert[16]. Rapper fanden sich aufgrund ihrer Texte sogar vor Gericht wieder.

---

15 Armstrong, “Rhetoric of Violence”, 73.

16 “After all, as recently as May 1995, U.S. Senator Bob Dole engaged in the time-honoured practice of racial-cultural scapegoating, positing ‘gangsta’ rap as the emblem of everything that is wrong with U.S. popular culture [...].” Harper, *Are We Not Men?*, 98-99. Vgl. auch die empörten Reaktionen auf das Grundy-Interview mit den ‘Sex Pistols’, was zur Entlassung des Interviewers führte und wochenlange Kampagnen gegen Punk in der Presse nach sich zog. Vgl. Savage, *England's Dreaming*, 263-267.

Diese Reaktionen legen nahe, daß der konfrontative Ansatz, den Rap und Punk wählten, tatsächlich einen Nerv der Gesellschaft traf.

8. Wie wird im Punk und im Rap '*gender*' konstruiert?

In diesem Kapitel geht es um die Frage, mit welchen Ausdrucksmitteln im Rap und im Punk Männlichkeit repräsentiert wird. Wie bereits ausgeführt, gibt es eine speziell männliche Ästhetik in der Rock- und Popkultur. Ob und wie auf diese Ästhetik im Rap und im Punk Bezug genommen wird, soll nachfolgend beleuchtet werden. Darüber hinaus ist die Frage zu klären, inwiefern Punk und Rap Raum für die Konstruktion von alternativen Formen von Männlichkeit, wie etwa einer homosexuellen Identität, bieten. Analog zu der binär angelegten kulturellen Konstruktion von Männlichkeit und Weiblichkeit wird auch Homo- und Heterosexualität in weiten Teilen unserer Kultur als Gegensatz konstruiert. Davon ausgehend werde ich die Frage anreißen, welchen Einfluß Rap und Punk auf die Partizipation von Frauen und homosexuellen Männern in der Rock- und Popkultur hatten. Ist für Frauen die Aneignung eines rebellischen Gestus, der, oft in Verbindung mit einer rhetorischen Militanz, die männlich dominierte Rockmusik durchzieht, ein anziehendes oder abschreckendes Konzept? Und hat die unterproportionale Präsenz von Frauen in der Musikkultur, zumindest auf Produzentenseite, ihre Ursache in der ökonomischen Struktur, die Männer bevorzugt, oder eher in den kulturellen Konstruktionen von Geschlecht, die die Musikszene dominieren?

8.1. Punk und Männlichkeit

Die Art und Weise, wie Geschlechteridentität in der Punkkultur verhandelt wird, erfährt durch den kritischen Diskurs sehr unterschiedliche Bewertungen. Einerseits wird im Punk die Abkehr von einer konventionellen Verhandlung geschlechtsspezifischer Themen, die sich etwa durch das Fehlen von Liebesliedern ausdrückt, als progressives Potential verstanden[1]. Klischeebeladene Artikulationen von Geschlechteridentität wurden im Punk weitgehend vermieden. Sowohl Männer als auch Frauen griffen kaum auf klassische Positionen zur Artikulation eines geschlechtsspezifischen

[1] "It was as if the empty spaces left by punk's anti-romance and anti-expertise positions made it easier for women performers to themselves work in a radical manner. It wasn't, then, punk rock itself which was positively anti-sexist (indeed the refusal to deal with love themes at times had a misogynist tinge), but its negative operations opened up greater possibilities for such work within popular music." Laing, *One Chord Wonders*, 125.

Standpunktes zurück. Der Antiemotionalismus im Punk war relativ geschlechtsneutral. Er folgte keiner dezidiert 'männlichen' oder 'weiblichen' Rhetorik. Dieser Umstand ermöglichte Männern, sich von romantischen Vorstellungen zu distanzieren, ohne Frauen dadurch anzugreifen. Zwar kritisierte Punk konventionelle Geschlechtermodelle; da jedoch Frauen nicht als Inbegriff der Konvention definiert wurden (wie in anderen Inszenierungen von Rebellion geschehen), war dieser antiemotionale Ansatz nicht zwangsläufig misogyn. So erlaubte Punk eine Konstruktion von Männlichkeit, die sich nicht als Gegenüber von Weiblichkeit verstand, sondern vielmehr als Gegenüber einer Gesellschaft, die konventionelle Geschlechterrollen durch ihre soziale Praxis festschreibt.

Diese alternative Konstruktion von Männlichkeit wurde durch die hohe Präsenz von Frauen in der Subkultur unterstützt. Der unkomplizierte Zugang zu der Punkästhetik, das 'do-it-yourself'-Prinzip, und die Privilegierung von Originalität gegenüber Professionalität erleichterte Frauen die Partizipation an der Subkultur. Es war für Frauen einfacher, in der Subkultur nicht nur zu konsumieren, sondern selber zu produzieren und damit die Punkbewegung mitzuprägen:

> Within punk rock as a musical genre, gender representations did not offer quite such a dismally reactionary picture. Punk's deliberate refusal of romance as a theme for songs meant that it could avoid one of the most potent sites of gender stereotyping, although punk lyrics did not follow this through generally by offering positively anti-sexist approaches. Similarly, punk's stance against the cult of instrumental virtuosity had the side-effect of undermining one of the main sources of male dominance in musical performance: the general rock assumption that women were not capable or competent to play 'properly'.[2]

Der erleichterte Zugang für Frauen stellte die Struktur in der Pop- und Rockkultur, die, wie unter 2.1. ausgeführt, eine männlich geprägte Ästhetik oftmals zu einer allgemein gültigen, universellen Ästhetik erhob, in Frage. Frauen hatten die Chance, auch an der Repräsentation von Geschlechteridentität teilzuhaben. Die Inszenierung des Häßlichen und Tabuisierten im Punk ermöglichte es Frauen, sich von einem einengenden Körperideal und konventionellen Vorstellungen von Schönheit freizumachen[3]. Diese alternativen Repräsentationen von Weiblichkeit zogen auch eine Neuverhandlung von Männlichkeit nach sich. Viele der 'männlichen' Posen in der Rockmusik funktionierten nur aufgrund des Ausschlusses von Frauen.

---

[2] Laing, *One Chord Wonders*, 125.

[3] Laing hält das Visuelle für den Ort, an dem im Punk Sexualität und '*gender*' verhandelt werden, da die Texte diese Thematik weitgehend auslassen: "[...] the visual was the level at which punk rock's stances towards sexism and gender relations had to become explicit." Laing, *One Chord Wonders*, 97.

Trotz der alternativen Grundlage der Männlichkeit im Punk gehen einige Kritiker, wie etwa Reynolds und Press, davon aus, daß die beschriebene Neuverhandlung von Geschlechterkonstruktion nur oberflächlich stattfand. Die Grundstruktur und der Subtext im Punk seien weiterhin eindeutig männlich dominiert. So würden die Macho-Posen der Rockmusik lediglich in einem neuen Kontext reproduziert[4]:

> In the official history of rock, punk is regarded as a liberating time for women, a moment in which the limits of permissible representations of femininity were expanded and exploded. Women were free to uglify themselves, to escape the *chanteuse* role to which they were generally limited and pick up guitars and drumsticks, to shriek rather than coo in dulcet tones, to deal with hitherto taboo topics. All this is true, but ... . Punk had learned the art of defiance from 60's mod and garage bands whose songs aggressively targeted women; it redirected the riffs and accusatory machismo at society or at a despised anonymous 'you' (either a crushed conformist or an oppressor). But inevitably, punk's roots in the masculinism of 60's rock were bound to resurface. At times, the misogyny was even more virulent than in the 60's, because punk's general nihilism and 'we hate everybody' attitude encouraged a no-holds-barred assault on liberal values (including feminism) and common decency.[5]

Diese Einschätzung zieht meiner Ansicht nach die falschen Schlüsse aus der Geschlechterkonstruktion im Punk. Reynolds und Press bewerten im Punk geschaffene Inszenierungen entkoppelt von ihrem gesellschaftlichen Rahmen. Die Angriffe auf 'liberale Werte' sind nicht als Ausdruck einer reaktionären Haltung zu verstehen, sondern eher als Angriff auf die Verlogenheit und Doppelmoral, die das Verhältnis zu diesen Werten oft kennzeichnen. Auch folgt ihre Gleichsetzung von Aggressivität und Männlichkeit einer eher essentialistischen Logik, die Aggressivität als 'männliche' Artikulationsform begreift. Auch wenn die performative Rebellion, die sich durch weite Teile der Rockmusik zieht, ursprünglich der Konstruktion und Präsentation einer männlichen Identität diente, ist diese Aneignung ja nicht auf alle Zeiten festgeschrieben. So bezieht sich beispielsweise ein feministisch orientiertes Genre, die '*riot grrrls*', auf die Tradition des Punks und nutzt dessen aggressiven Gestus für feministische Ziele:

---

4 "It may be possible to see the excess of tempo and the eccentric athleticism of some punk players as a puncturing of this machismo [der die Rockperformanz dominierte], but there is no doubt that it was there, at the centre of punk performance." Laing, *One Chord Wonders*, 87. Siehe auch: "Punk songs had sidestepped the issue [of sexism and *gender* relations] by turning away from lyrics of romance or sentimentality, but the performance of male artists generally showed an uncritical adherence to standard styles which emphasized macho postures." Laing, *One Chord Wonders*, 97.

5 Reynolds/ Press, *Sex Revolts*, 33.

> Riot grrrl's link with the punk movement is worthy of further exploration. Rather than claiming to reinvent the punk movement, participants placed themselves in its ongoing tradition.[6]

Die Argumentation von Reynolds und Press dient eher der Essentialisierung von '*gender*'-Konstruktionen in der Rockmusik, als daß sie den Zugang beider Geschlechter zu verschiedenen Artikulationsformen differenziert analysiert. Dieser essentialistische Ansatz findet sich auch in der unter 2.1. skizzierten Diskussion, inwieweit die '*anti-domesticity*', die sich durch die Geschichte der Rock- und Popkultur zieht, ein per se 'männliches', gegen Frauen gerichtetes Konzept ist. Zwar wird Männlichkeit in der Rock- und Popmusik oft durch die Inszenierung des Rebellen geschaffen, deswegen jedoch davon auszugehen, daß nur Männer sich dadurch in Opposition zu gesellschaftlichen Strukturen positionieren können, wäre eine unzulässige Verkürzung der kulturellen Praxis. Vielmehr ist es meiner Ansicht nach angebracht, differenziert der Frage nachzugehen, an welchen Stellen es im Punk Brüche und Kontinuitäten zur Konstruktion von Männlichkeit in der Rock- und Popgeschichte gibt und wo in dem ambivalenten und widersprüchlichen Text Anhaltspunkte für die Konstruktion alternativer Modelle von Geschlechteridentität liegen. So beschreibt Savage beispielsweise, daß Punk- und Schwulenszene in Manchester eng miteinander verbunden waren[7]. Das deutet darauf hin, daß Punk nicht so heterosexistisch wie viele andere Sub- und Jugendkulturen war und Punk auch alternative Formen von Männlichkeit akzeptierte. Verallgemeinernd läßt sich die These aufstellen, daß der Teil der Punkbewegung, der einem eher künstlerischen Ansatz folgte, offener für alternative '*gender*'-Konzepte und unkonventionelle Repräsentationen von Männlichkeit war als die politischen Punk. Dort dominierte eine Art der Expressivität, die sich an der rebellischen Rock'n'Roll Ikonographie orientierte und von einer heterosexuellen Männlichkeit geprägt war. So Reynolds/ Press über 'The Clash':

> All the Clash's role models are young, masculine, and in some sense at war – sometimes literally, as with the the Sandinista guerrillas or the Baader Meinhof terrorists, sometimes symbolically, as renegades repudiating a failed and fatally compromised society. Their oeuvre is a veritable feast of rebel iconography, from the classic American outsiders [...] to the Jamaican rude boy hoodlums of

---

6 Leonard, Marion. "Rebel Girl, You Are The Queen of My World". *Sexing the Groove – Gender and Popular Music.* Hg. Sheila Whiteley. London und New York: Routledge, 1997: 237.

7 Vgl. Savage, *England's Dreaming*, 298. Er bezeichnet die Punkszene in Manchester als "less macho and elitist than the capital" (a.a.O.) und beschreibt die Vermischung mit der Schwulenszene.

The Harder They Come and Rastafarian 'exiles on Main Street' of roots reggae.[8]

Auf die Asexualität in der Punkbewegung, vor allem in der visuellen Präsentation, wurde mehrfach hingewiesen. Die Frage ist nun, was diese Asexualität für den Fortbestand von '*gender*'-Kategorien bedeutete. Punk eröffnete insofern einen Ausweg aus konventionellen '*gender*'-Konstruktionen, als daß er festgeschriebene Repräsentationsmuster von Geschlechtlichkeit und Sexualität in Frage stellte oder gar negierte. Für die Konstruktion von Männlichkeit bedeutete das konkret, daß Schwäche und Fragilität thematisiert wurden, Stärke als männliches Attribut dagegen kaum vorkam. Stärke wurde in der Rock- und Popkultur, wie oben beschrieben, oftmals über den sexualisierten männlichen Körper transportiert. Insofern ermöglichte die Asexualität im Punk eine Abkehr von dieser Form der Repräsentation von Männlichkeit. Schwäche und die Nichtverwertbarkeit für die Gesellschaft, die von Männern Führungsqualitäten erwartet, wurden im Punk als ein alternatives Konzept von Männlichkeit präsentiert und erfuhren so eine positive Umbewertung. Auch die asexuelle Inszenierung war in diesem Sinne eine Absage an ein konventionelles Verständnis von Männlichkeit. Dieser an sich progressive Ansatz blieb aber auf halber Strecke stehen, weil er keine alternative Szenarien entwarf:

> In [punks] refusal to let their sexuality be constructed as a commodity some punks went as far as to deny their sexuality any significance at all.[9]

In der Präsentation dieser Asexualität spielte Körpersprache eine wichtige Rolle. Körperlichkeit wurde in der Punkszene nicht einfach versteckt, sondern durch Negation bekämpft. So wurde Abstand genommen von konventionellen Repräsentationen des Körpers, die dessen Funktionsfähigkeit betonten. Der Körper wurde zur Projektionsfläche von psychischen und auch gesellschaftlichen Krankheiten. Der Körper wurde kaum dazu genutzt, alternative Darstellungen von '*gender*' auszuprobieren, er diente lediglich dazu, die Verdorbenheit konventioneller Repräsentationen zu thematisieren. Männlichkeit wurde nicht neu definiert, sondern negiert.

Dieses Vakuum in der Repräsentation von '*gender*' führte dazu, daß es kaum eine Diskussion innerhalb der Punkbewegung darüber gab, wie '*gender*'

---

8 Reynolds/ Press, *Sex Revolts*, 67.

9 Frith/ McRobbie, "Rock and Sexuality", 384. Wie mit dieser asexuellen Inszenierung in der Punkbewegung umgegangen wurde, beschreibt die Musikjournalistin Jane Jackman in Savage: "Punk was tolerant, it took in groups of people who were alienated, but there weren't enough of the kind of people involved with Punk to change the music press and industry for better. My recourse was to start taking speed: once I started injecting I didn't have to worry about my sexuality. I became asexual, I think many people were, it was an incredibly asexual movement." Savage, *England's Dreaming*, 331.

zu thematisieren sei. In diesem Zusammenhang ist auch die Ambivalenz in der '*gender*'-Repräsentation von Punk zu verstehen. Einerseits hatte Punk ein progressives Fundament bezüglich der Repräsentation von Geschlechtlichkeit. Andererseits setzte Punk diese Ansätze nur fragmentarisch um.

Als progressiv ist dennoch zu vermerken, daß Punk sich in vielen Punkten von den die Rockmusik dominierenden Konstruktionen von Männlichkeit distanzierte. Die gesamte Ästhetik war 'unmännlich':

> [...] punk style, being conscious, concerted self-defilement rather than prettification, is an inverted form of dandyism. Both dandyism and punk flaunt their inferiority and marginalisation, turn emasculation into style.[10]

Die enge, zerissene Kleidung unterstrich die Zerbrechlichkeit des darin steckenden Körpers. Schwachpunkte wurden nicht kaschiert, sondern herausgestellt. Auch wurde im Punk durch Accessoires, wie etwa Hundehalsbänder, Schwäche und Beherrschbarkeit zum Ausdruck gebracht. So prägte Punk einen Stil, auf dessen Grundlage alternative Konstruktionen von Männlichkeit verhandelt werden konnten. Der oben angesprochene, traditionell homosexuell konnotierte Dandyismus war ein Konzept von Männlichkeit, das in der Zeit nach Punk auch zunehmend als heterosexuelles Konstrukt von Männlichkeit adaptiert wurde.

Durch die dekonstruktivistischen Bühnenshows im Punk, die weitgehend auf die klassische Dramaturgie von Rock-'*performances*' verzichteten, wurde auf die phallische Ikonographie, die diesen immanent war (bedingt durch die zentrale Stellung, die die Gitarre[11] – durch lange Gitarrensoli, die den Höhepunkt eines Songs bildeten – und das Mikrophon einnahmen) verzichtet. Hier ist jedoch eine differenzierte Betrachtung der Punkbewegung vonnöten. Es gab, wie oben skizziert, verschiedene Grundströmungen. So gab es Bands, die sich in ihrem Auftreten deutlich an Rockkonventionen anlehnten[12]. Daneben gab es aber viele Bands, die, eher kunstinspiriert, mit alternativen

---

[10] Reynolds/ Press, *Sex Revolts,* 17.

[11] "Machine gun or penis substitute, the impact was powerfully phallic, whether or not the players knew it, whether or not their songs were sexist." Laing, *One Chord Wonders,* 87.

[12] "Die Clash waren an einer Dekonstruktion des Mythos Rock'n'Roll nie interessiert." Peschke, Martin. "Drei Cover von The Clash". *testcard.* No.1 (1995): 43. Vgl. auch Rumsey/ Little zu diesem Strang von Punk: "Punk's legacy of music dealing with 'real life', 'combat rock', late-night encounters on urban streets, the pain and pride of solitary contemplation of the human condition, has the added peril for women of rape." Rumsey, Gina und Hillary Little. "Women and Pop: A Series of Lost Encounters". *Zoot Suits and Second Hand Dresses – An Anthology of Fashion and Music.* Hg. Angela McRobbie. Basingstoke: Macmillan Education Ltd. 1989: 242. Siehe auch dieses Kapitel, Fußnote 4.

Repräsentationsformen experimentierten. Für Laing stellen die letztgenannten eher ein Randphänomen dar:

> At the fringe of punk, there was some awareness of the value of deconstructing the live performance as 'act'. [...]. The central grid of punk performance was inherited from the rock tradition and solidly imbued with macho values, both on stage and in the positions of watching offered to the audience.[13]

Diese Analyse trifft meiner Ansicht nach nur bedingt zu. Wie bereits ausgeführt, brach Punk mit vielen performativen Konventionen der Rock- und Popmusik und erlaubte so neue Strukturen innerhalb der Bands oder zwischen Musikern und Publikum. Dies wirkte sich auch auf die Geschlechterdynamik in den Bands aus. So gab es reine Frauenbands ('The Slits', 'The Raincoats') und auch gemischte Bands, in denen Frauen laute, 'aggressive' Instrumente wie Schlagzeug spielten. Das stellte in anderen Genres der Rockmusik die absolute Ausnahme dar. Auch Frauen nutzten zunehmend die rebellische Pose zur Artikulation ihrer Befindlichkeit.

Durch die Verweigerung, sich auf konkrete, alternative Inhalte festzulegen, wurden diese neuen Muster jedoch nicht definiert und bestärkt. Im Laufe der Zeit wurde dieses innovative Potential hinsichtlich der '*gender*'-Konstruktionen von den etablierten Strukturen der Rock- und Popkultur weitgehend absorbiert. Die Elemente klassischer männlicher Rebellion, die es im Punk, neben alternativen Repräsentationen, auch gab, wurden von den Medien und durch die Vermarktungsstrategien in den Vordergrund gestellt und verdrängten so die diffusen neuen Ansätze.

Aufgrund dieser Entwicklung läßt sich auch nicht von einer durchgängig neuen Geschlechterpolitik in der Punkbewegung sprechen. Eine weitere Ursache dieses Mankos ist darin zu sehen, daß die Punkbewegung sich einer klaren Programmatik und Selbstdefinition verschloß. Die Schwächen im '*gender*'-Konzept des Punk sind jedoch nicht auf ein Fehlen alternativer Repräsentationsansätze zurückzuführen. Das Potential von Punk bezüglich neuer Konstruktionen und Repräsentationen von '*gender*' wird vor allem in der Post-Punk-Phase offensichtlich, in der mit dem Vakuum, das Punk hinsichtlich seiner '*gender*'-Repräsentation hinterlassen hatte, neu umgegangen wird (vgl. auch Kapitel 9).

Zu diesem Vakuum kam, daß die Entwicklung von Punk durch den Konfrontationskurs gegenüber dem gesellschaftlichen Mainstream, der durch den öffentlichen Diskurs über Punk noch verschärft wurde, in eine Richtung geriet, die in der Anfangsphase noch nicht so deutlich vorgegeben war.

---

13 Laing, *One Chord Wonders*, 88.

Dadurch rückten die subtileren Aspekte der Punkbewegung in den Hintergrund:

> Throughout 1975 and 1976, a large amorphous group of teenage stylists and social outcasts of all ages, sexes and sexual persuasions had gathered around the Sex Pistols and Sex [Malcom McLarens Kleidergeschäft], and around the other groups and shops on the King's road strip as well. This was a milieu of some complexity, reduced within the twenty seconds of the Grundy interview to white, male Rock. A Rock movement of considerable energy, hostility and an unsettling politics, but Rock nevertheless.[14]

Diese Entwicklung wird meiner Ansicht nach hier dennoch etwas dramatisiert und zu stark an einem bestimmten Ereignis festgemacht. Von der Tendenz her ist jedoch zu beobachten, daß die Punkbewegung in ihren Anfangstagen vielschichtiger war, eben auch was ihre Geschlechterrepräsentation betraf. Auch hier trifft die Beobachtung zu, daß die Verweigerungshaltung von Punk, eigene alternative Inhalte zu benennen[15], dazu führte, daß die Punkbewegung dem Diskurs über Punk wenig entgegenzusetzen hatte. So setzte eine Dynamik ein, die die Punkszene zunehmend von ihren eigenen Repräsentationsstrategien entfremdete.

8.2. Rap und Männlichkeit

In den Diskussionen innerhalb der Rapszene spielt '*gender*' eine relativ untergeordnete Rolle. Außer der Kritik, die einige weibliche Rapperinnen an der Repräsentation von schwarzen Frauen artikulieren, wird das Thema 'Geschlechteridentität' kaum behandelt. Vielmehr steht die Diskussion darüber, wie '*race*' zu repräsentieren sei, in der Rap-'*community*' im Mittelpunkt. Der Widerstand gegen Rassismus wird in dieser Diskussion zur männlichen Domäne:

> Maleness, which is itself constructed by intertwined discussions within the Black community and between Blacks and whites, shapes the meaning of resistance.[16]

So wird die männliche, afroamerikanische Identität im Rap aus einer widerständischen, rebellischen Position abgeleitet. Der Umstand, daß innerhalb der Szene eine offene Auseinandersetzung mit '*gender*' fehlt,

---

14 Savage, *England's Dreaming*, 277-8.
15 Vgl. Kapitel 3, Fußnote 38.
16 Ebron, "Performing Gender", 26.

bedeutet jedoch nicht, daß diese Kategorie im Rap keine Rolle spielt[17]. Gilroy konstatiert eine weitgehende Verknüpfung von '*race*' and '*gender*':

> [...] gender is the modality in which race is lived. Experiencing racial difference through particular definitions of gender has been eminently exportable.[18]

In der akademischen Auseinandersetzung mit Rap hingegen spielt der Aspekt der Geschlechterrepräsentation eine zentrale Rolle. Wenn Rap angegriffen wird, dann meist aufgrund seiner sexistischen und gewaltverherrlichenden Repräsentationen. Diese Kritik wird sowohl innerhalb der afroamerikanischen '*community*'[19] als auch in einem gesamtgesellschaftlichen Kontext geäußert. Ebron beschreibt das Grundmuster der kritischen Auseinandersetzung mit Rap folgendermaßen:

> Most discussions of rap have set up two polarized positions. One suggests rap is a sexist performance in which Black men denigrate Black women – defining us as objects and setting up a narrow range of who we are. A second position views rap as a celebratory liberation practice that offers an oppositional stance to racism in the United States. Both offer possibilities for understanding rap as a part of larger discussions about gender and politics. Sexism is out of focus for the proponents of this view.[20]

Aus der Beschäftigung mit Rap ergibt sich, daß Antirassismus und Sexismus nicht unbedingt in Widerspruch zueinander stehen. Vielmehr führt oftmals die Geschlossenheit als Gruppe (die, wie oben ausgeführt, durch die Erfahrung des Rassismus und den Widerstand dagegen gefestigt wird) dazu, daß die '*gender*'-Struktur nicht hinterfragt wird, um eine Fragmentierung der Interessen zu vermeiden[21].

Trotz der Bedeutung, die '*race*' im Selbstverständnis der Rapkultur einnimmt, thematiseren die Männer im Rap ihre sexuellen und sozialen Beziehungen zu Frauen und somit auch das Geschlechterverhältnis eher, als im Punk, wo ein geschlechtsneutraler Antiemotionalismus dominierte. Allerdings werden Frauen meist nur über ihre soziale Rolle als Freundin oder Mutter thematisiert. Dies verweist auf den Rahmen, in dem im Rap Weiblichkeit verhandelt wird.

---

17 "Often only lyrics about women are taken to be about gender. But a dialogue about community resistance in which Black women are absent also has a gendered dimension." Ebron, "Performing Gender", 25.

18 Gilroy, "Sounds Authentic", 117.

19 Vgl. Wallace, "Feminism Faces The Music", 20.

20 Ebron, "Performing Gender", 23.

21 Vgl. Ebron, "Performing Gender", 27.

Frauen sind, vor allem im nationalistischen Rap, als unterstützende Freundinnen und als Mütter für die nächste Generation wichtig[22]. Ihre Rolle in der schwarzen Familie steht dabei im Vordergrund. Sie werden selten als gleichberechtigte Kämpferinnen gegen Unterdrückung betrachtet. Alternative Modelle von Weiblichkeit gibt es kaum. Frauen werden so über ihre Bedeutung für die Reproduktion des Mannes definiert. Der Mann ist das Zentrum in der schwarzen Gemeinschaft. Die Aufgabe der Frau ist, ihn dabei zu unterstützen. So wird im nationalistischen Rap ein patriarchales Konzept von Männlichkeit geschaffen. Obwohl dieses Konzept von Männlichkeit in seiner Grundstruktur konservativ ist, bewegt es sich, aufgrund seiner 'rassischen' Konnotationen, außerhalb des gesellschaftlichen Konsens. Die Figur des 'bad niggers' zieht sich als Motiv durch die Konstruktion von Männlichkeit, im politischen wie auch im 'Gangsta' Rap. Im politischen Rap wird sie allerdings noch von der Figur der Lehrers, des 'teachers', ergänzt, welche im 'Gangsta' Rap keine Rolle spielt.

Männlichkeit im Rap ist vor allem nach innen, das heißt in bezug auf die afroamerikanische '*community*', konservativ. Nach außen, in Relation zur Dominanzkultur, suggeriert diese Männlichkeit Grenzüberschreitung und Rebellion. Insofern signalisiert Männlichkeit im Rap auf verschiedenen Ebenen unterschiedliche Inhalte. Festzuhalten ist, daß Männlichkeit im Rap konsequent als Gegenkonzept zu Weiblichkeit konstruiert wird:

> Since Public Enemy saw themselves as paramilitaries at war with white supremacist society, they had little time for women. Gangsta rap denigrates women as treacherous bitches and ball-breakers; righteous rap marginalizes them as non-combats.[23]

Im 'Gangsta' Rap gibt es, anders als im politischen Rap, kaum idealistische Repräsentationen von Frauen. Wie oben ausgeführt, kommen Frauen im 'Gangsta' Rap eigentlich immer schlecht weg. Sie werden als unloyal und materialistisch dargestellt und in erster Linie als sexuelle Objekte wahrgenommen. Ihre soziale Rolle wird so gut wie gar nicht reflektiert, anders als im nationalistischen Rap. Beiden Genres ist gemein, daß Frauen nicht als gleichwertig begriffen werden. So konstatiert Allen, trotz vordergründiger Unterschiede, grundsätzliche Parallelen zwischen den beiden Genres:

> Nonetheless, gangsta and visionary message rap are not as far apart as they may at first appear. For example, where gangsta males denigrate women in the worst way ('Bitch Better Have My Money'), and the more idealistic place them on pedestals ('Black Queen Of The Universe'), both positions reinforce the subjugation of women. Indeed, masculine identity in either case is defined at

---

[22] Vgl. auch den Text zu Public Enemys "Revolutionary Generation", zitiert auf Seite 101.

[23] Reynolds/ Press, *Sex Revolts,* 78.

> the expense of women in general and gay men in particular (lesbians are virtually ignored).[24]

Insgesamt sind die Formen der Auseinandersetzung, sowohl im 'Gangsta' Rap als auch im politischem Rap, als Dialog unter Männern zu begreifen. Auch die Tatsache, daß die Hiphopkultur eine sehr öffentliche Kultur ist, die sich auf '*street credibility*' beruft, verweist darauf, daß eher Männer als Frauen die Möglichkeit erhalten, sich zu artikulieren. Die Aneignung der Straße war weitgehend ein Privileg männlicher Rebellion. Dieser Ansatz ist auch in der afroamerikanischen Kultur deutlich ausgeprägt[25]. Die Ästhetik von Rap stützt sich auf eine urbane, individualistische und damit auch maskuline Identität.

Auch in der Rapkultur versuchen Frauen, die Inhalte mitzugestalten. So engagierte sich beispielsweise die Rapperin Sister Souljah eine Zeitlang bei 'Public Enemy'. Diese vereinzelten Interventionen stellten jedoch, zumindest in den in dieser Arbeit beschriebenen Genres, die Ausnahme dar. Die 'Männlichkeit' von Rap wird dadurch nicht grundsätzlich in Frage gestellt. Im kritischen Diskurs über Rap wird diesen Frauen oft eine Art Alibifunktion zugewiesen, nämlich ein Gegengewicht zu dem Sexismus der männlichen Rapper zu bilden:

> Their [the female rappers] media status as antisexist rappers is necessarily accompanied by an understanding of male rappers as uniformly sexist. This opposition between male and female rappers serves to produce imaginary clarity in the realm of rap's sexual politics, rather than confront its contradictory nature.[26]

Durch diese Aufteilung werden Frauen weitgehend aus dem Zentrum der Auseinandersetzung in der Rapmusik herausgehalten. So wird ihnen eine korrigierende Randposition zugeschrieben. Obwohl so Sexismus im Rap thematisiert wird, kommt diese Diskussion nicht an den Kern der Rapkultur heran. Die Kategorie 'Rasse' überlagert alle anderen Aspekte von Identität.

---

24 Allen, "Message Rap", 169.

25 Harper verweist auf die Bedeutung von 'street culture' für die Herausbildung einer schwarzen, männlichen Identität. Vgl. Harper, *Are We Not Men?*, 98. Siehe auch: "When young America (especially young, black, urban America) began to set up acoustical shop with gigantic, multi-decibel-capacity radios and tape decks – in American public spaces (buses, street corners, sidewalks, and, of course, parks) – the hue and cry, lamentation and gnashing of polemical teeth threatened to deafen us all. [...]. It was equally a panicked response by some citizens to what they perceived as the ethnic pollution of public space by the sonic 'other'". Baker, *Rap,* 42-3. Obwohl er hier eine ethnisch motivierte Dynamik feststellt, so sind die '*gender*'-Implikationen dieser Auseinandersetzung nicht zu unterschätzen. Es sind eben meist junge Männer, die eine solche Subkultur in der Öffentlichkeit 'vertreten'. So betont Baker auf Seite 64 auch, daß 'its blackness and its youthfulness' unverzichtbare Bestandteile der Rapkultur sind.

26 Rose, *Black Noise*, 147.

Auch von weiblichen Rappern, die sich tendenziell stärker mit den sozialen Strukturen innerhalb der afroamerikanischen '*community*' beschäftigen, wird doch die übergeordnete Bedeutung der Unterdrückungskategorie 'Rasse' selten in Frage gestellt.

Fragen nach der Geschlechteridentität werden, insbesondere bei islamistischen und nationalistischen Rappern, oft aus der 'rassischen' Identität abgeleitet. Die männliche Identität steht so in direkter Abhängigkeit von der afroamerikanischen Identität. Die im Rap zentral verhandelte Frage ist nicht, was es bedeutet, ein Mann zu sein, sondern was es bedeutet, ein schwarzer Mann zu sein. Differenzen innerhalb der schwarzen Gesellschaft werden in der Identität des schwarzen Mannes kaum reflektiert. Die Abgrenzung gegenüber anderen afroamerikanischen Männern spielt im Rap keine so große Rolle wie etwa die Abgrenzung gegenüber anderen Subkulturen in der 'weißen' Jugendkultur, wo großer Wert auf stilistische Differenz gelegt wird. Im Rap findet die Abgrenzung nicht so sehr in ästhetischer wie in ethnischer Hinsicht statt. Solidarität zwischen afroamerikanischen Männern ist ein wichtiges Element schwarzer männlicher Identität, die aufgrund dieses Gruppenbezuges eine Identifikation mit anderen sozialen Gruppen (wie Frauen oder Nicht-Schwarze) ausschließt.

Hierbei wird auf gesellschaftlich dominante Konstruktionen von Männlichkeit zweischneidig reagiert. Einerseits wird die Struktur der Dominanzkultur kritisiert, andererseits werden weiße Männer um ihre Macht beneidet, und die gesellschaftliche Ohnmacht des schwarzen Mannes wird als Problem begriffen, was zuerst auf der Familien- und '*community*'-Ebene zu lösen sei[27]. Durch diesen Ansatz werden die patriarchalen Strukturen der Dominanzkultur reproduziert.

In der beschriebenen Konstruktion schwarzer Männlichkeit im Rap gibt es auch für alternative Formen wenig Raum. Während die 'weiße' Rock- und Popmusik immer schon ein Vehikel zum Ausdruck sexueller Differenz war und es auch in der schwarzen Musik alternative Modelle von Männlichkeit gibt (etwa Michael Jackson und Prince), sind in der Rapszene alternative Männlichkeiten kaum möglich:

> The racial and class antagonisms inherent in the debates over hip-hop take on a different look, however, when they are examined alongside the homophobic black machismo that forms another facet of the worldview of many rappers. [...]. The politics of sexuality in hip-hop are as spectacular as those of

[27] "Die zeitgenössische Black-Power-Bewegung setzte die Befreiung der Schwarzen mit dem Bestreben gleich, eine Sozialstruktur zu schaffen, in der schwarze Männer als Patriarchen über ihre Community, Familie und Angehörigen Kontrolle ausüben." hooks, *Black Looks*, 124. Eine aktuelles Beispiel für die Artikulation eines solchen Bedürfnisses ist der '*One Million Man March*' 1995 in Washington (D.C.).

> violence; while assertive, aggressive sexuality is a key ingredient of hip-hop attitude, it has so far almost always been *hetero*sexuality.[28]

In diesem Zusammenhang ist interessant, wie im Rap gesellschaftliche Klischeevorstellungen über schwarze Männlichkeit verhandelt werden. So fehlt im Rap die Warmherzigkeit, die im 'weißen' Diskurs an schwarzer Kultur oftmals hervorgehoben wird, völlig. Die Konstruktion von Männlichkeit im Rap stellt so eine deutliche Infragstellung etablierter kultureller Repräsentationen von schwarzer Männlichkeit dar:

> Throughout popular culture, being black is being installed as a signifier for being more human. [...] blackness is being elaborated as a model of oneness with your body, of being in touch with your emotions, of a new, more acceptable kind of masculinity. [...]. While white pop bases itself entirely around the form and ethos of black passion, what's fascinating is that black pop has gone in the opposite direction, becoming colder, more inhuman. In the case of hip hop, more wound up heartless.[29]

Anders als Reynolds würde ich nicht davon ausgehen, daß 'passion' im Rap fehlt. Viele Äußerungen im Rap sind sehr leidenschaftlich, nur werden meist keine positiven, sondern negative Gefühle zum Ausdruck gebracht. Der Antihumanismus der 'bad nigger'-Attitüde wird zum Schutzschild gegen ein feindliches Umfeld. Bei der Interpretation der Repräsentation von Sexualität im Rap muß die besondere Rolle, die schwarzer Sexualität in der amerikanischen Gesellschaft zugewiesen wird, berücksichtigt werden[30]. Auch unterliegt die Konstruktion schwarzer Sexualität in den Medien Mechanismen, die bestimmte Repräsentationen gegenüber anderen privilegiert. Zwar ist die selektive Repräsentation der Sexualität und des Geschlechterverhältnisses in den Medien und in der Entertainmentindustrie kein Phänomen, das nur Afroamerikaner betrifft. Dort wirken aber, bedingt durch die Sonderstellung, in die 'schwarze' Sexualität durch den jahrhundertelangen rassistischen Diskurs hineindefiniert wurde, zusätzliche Mechanismen. Die Auseinandersetzung mit diesen Konstruktionen steht im Rap an zentraler Stelle. So wird auf Klischeevorstellungen von schwarzer Männlichkeit, wie Potenz und Virilität, ständig Bezug genommen. Im 'Gangsta' Rap wird hierbei vorwiegend mit dem Stilmittel der Zuspitzung und der Figur des 'bad niggers' gearbeitet, während sich der sendungsbewußte Rap auch um alternative

---

28 Potter, *Spectacular Vernaculars,* 97.

29 Reynolds, Simon. *Blissed Out – The Raptures of Rock.* London: Serpent's Tail, 1990: 156-7.

30 "In matters of sex, too, rappers embody, as Simone says 'both what American culture aims for and what the culture must not become'. American society professes to be liberal, yet it remains fearful of the consequences of sexual liberty". Morley, "Introduction", XXVII.

Images bemüht, allerdings nicht in einem integrationistischen Sinne, sondern als Ausdruck schwarzer Selbstverantwortung und Militanz[31].

8.3. Ähnlichkeiten und Unterschiede in der Repräsentation von Männlichkeit in beiden Genres

Punk und Rap werden von Kritikern oft in bezug auf ihre '*gender*'-Politik miteinander verglichen. Dabei steht meist im Vordergrund, daß beide Genres einen in politischer Hinsicht progressiven Ansatz haben und daß trotzdem bestehende Konstruktionen von '*gender*' reproduziert werden. Dieser Ansatz liegt auch der Analyse der Hiphop-Kritkerin Tricia Rose zugrunde, in der sie Punk mit Rap hinsichtlich Sexismus vergleicht:

> British Punk offered a biting working-class critique of British culture and society in the 1970s, yet simultaneously perpetuated sexist ideas and social formations.[32]

Diese griffige, aber auch verallgemeinernde Formel muß meiner Ansicht nach differenzierter betrachtet werden. Wie oben ausgeführt, sind die Konstruktionen von Männlichkeit im Rap und im Punk doch sehr verschieden und unterliegen unterschiedlichen Einflüssen. Während für die Repräsentation von Männlichkeit im Rap der soziale Rahmen, die Eingebundenheit in den afroamerikanischen Kontext eine zentrale Rolle spielt, scheint die Männlichkeit im Punk weniger von ihrem britischen kulturellen Kontext beeinflußt zu sein. Beiden gemein ist trotz aller Differenzen, daß die Position des gesellschaftlichen Außenseiters im Punk wie im Rap ein starkes Konzept ist. Opposition zur Dominanzkultur ist für beide Konstruktionen von Männlichkeit wichtig. Die beiden Genres unterscheiden sich jedoch stark in ihrer Konstruktion von Weiblichkeit. Während Männer im Rap Weiblichkeit als Gegenpol definieren, sind die Identitätskonstruktionen im Punk nicht sehr geschlechtsspezifisch. Im Punk steht Frauen in stärkerem Maße die Möglichkeit offen, die durch die Geschichte der Rock- und Popmusik männlich definierte Rebellenpose einzunehmen.

---

[31] Allen spricht von einer "centrality of the rebel figure to both genres". Vgl. Allen, "Message Rap", 169.

[32] Rose, *Black Noise,* 104. Diesen Ansatz verfolgen auch Reyolds/ Press, *Sex Revolts*, in den Kapiteln 5 (Teil 1) wo sie unter der Überschrift 'Brothers in Arms: Combat Rock and Other Stories for Boys' u.a. 'The Clash' und 'Public Enemy' miteinander vergleichen, und Kapitel 8 (Teil 1), wo sie unter der Überschrift: 'I Am the King: Delusions of Grandeur from Jim Morrison to Gangsta Rap', die 'Sex Pistols' mit einigen Rappern in eine Tradition stellen.

Allgemein betrachtet sind auch für Männer die Rollen, in denen sie sich in einer Subkultur artikulieren können, beschränkt. Sie müssen sich ebenfalls an den beschriebenen Möglichkeiten von Repräsentation abarbeiten. Auch für sie war das Bild des Rebellen keine 'natürliche' Rolle, sondern eine Konstruktion, die es auszufüllen galt, um in der Subkultur akzeptiert zu werden. Es ist nicht so, daß sie unbedingt einen größeren Spielraum zur Artikulation ihrer Identität hatten, obwohl Grenzüberschreitungen, so auch hinsichtlich Geschlechteridentität, eher akzeptiert wurden. Der Unterschied besteht vielmehr darin, daß es als 'natürlich' und 'authentisch' galt, wenn Männer die im Rahmen der Rock- und Popkultur möglichen Images ausfüllten, während Frauen Probleme hatten, eine eigene Stimme zu finden, die von Fans und Kritikern als glaubwürdig erachtet wurde.

Dennoch läßt sich festhalten, daß Frauen im Punk durch die offene Struktur der Subkultur stärker die Möglichkeit hatten, die Konstruktionen und Repräsentationen von Männlichkeit zu beeinflussen. So eröffneten sich neue Spielräume zur Selbstpositionierung innerhalb etablierter Geschlechtskategorien.

Der Gebrauch von Fetischkleidung wurde von Frauen in den Punk importiert. Lackkleidung und Netzstrümpfe wurden zuerst von weiblichen Punks als Provokation eingesetzt, bevor sie in den allgemeinen Stil übernommen wurden. Der relativ asexuelle Stil von Punk trug dazu bei, daß einzelne Stilelemente sowohl von Frauen als auch von Männern genutzt wurden. Ein männlicher Stil konnte sich so im Punk nicht in strikter Abgrenzung von einem weiblichen Stil entwickeln. Punk bewegte sich im Spannungsfeld zwischen einer Asexualität, die eine androgyne Konstruktion von Männlichkeit erlaubte, und zwischen den '*gender*'-Konventionen in der Rockmusik, die die Reproduktion sexistischer Strukturen beförderten.

In den beschriebenen Rapstilen gibt es für Frauen hingegen wenig Möglichkeiten, zu einem alternativen visuellen Stil zu finden. So ist auch ihr Mitwirkungspotential am kollektiven Stil der Subkultur beschränkt. Doch wie oben gezeigt, spielt die Selbstpositionierung durch Rhetorik im Rap sowieso eine größere Rolle als der modische Ausdruck. Es gibt Frauen im Rap, die alternative Auffassungen artikulieren[33], im Gesamtkontext jedoch eine eher marginale Rolle einnehmen. Hier sind jedoch in jüngster Zeit, wie unter 9. zu zeigen ist, Veränderungen zu beobachten. Dieser Wandel bezieht sich jedoch nicht auf das Geschlechterverhältnis im 'Gangsta' Rap und im politischen Rap, sondern spielt sich in anderen Genres von Rap, die stärker vom Soul und Rhythm & Blues beeinflußt sind, ab.

---

33 Vgl. Rose, *Black Noise,* Kapitel 5: 'Black Women Rappers and Sexual Politics in Rap Music'.

Wie verschiedentlich ausgeführt, ist der Dialog zwischen Männern zentraler Bestandteil der Rhetorik im Rap und im Punk. Die männliche Identität wird durch Bezugnahme auf andere männliche Identitäten und nicht durch den Dialog mit Frauen herausgebildet. Nichtsdestotrotz ist Weiblichkeit, vor allem im Rap, ein wichtiger indirekter Bezugspunkt für die Konstruktion von Männlichkeit.

Eine weitere Gemeinsamkeit ist, daß sexuelle und emotionale Klischees und Konnotationen einer gründlichen Bearbeitung und Verhandlung unterzogen werden. Beide Genres bedienen sich deutlicher sexueller Metaphern, die sich auf sehr unterschiedliche Weise konkretisieren. Während bei Rap oft eine Hypersexualität suggeriert wird, werden im Punk sexuelle Konnotationen in der Präsentation neutralisiert. So wirkt selbst Fetischkleidung aus Latex und Leder oft desexualisierend,[34] und das Verhältnis zum Körper wird als gebrochen dargestellt. Die Repräsentation von Sexualität im Rap nimmt andere Formen an, und statt Gebrochenheit wird oftmals Macht und Omnipotenz vermittelt. Männliche Sexualität im Rap bleibt im Unterschied zu der Androgynität im Punk auf eine strikte Heterosexualiät beschränkt. Trotz dieser permanenten Bezugnahme auf Potenz und Virilität verweist dieser Umgang mit Sexualität im Rap auf ein schwieriges und unharmonisches Verhältnis zum Körper[35]. Der Körper ist in erster Linie Schutzschild gegen eine feindselige Umwelt und somit für die Konstruktion einer starken Männlichkeit wichtig. Im Punk hingegen ist der Körper Spiegelbild dessen, was am Leben als schlecht empfunden wird. Sowohl im Rap als auch im Punk wird der Körper so zu einem mit Bedeutung befrachteten Zeichen. Subkulturelle Identität wird über die Präsentation des Körpers zum Ausdruck gebracht.

---

[34] Vgl. Laing, *One Chord Wonders*, 25.

[35] "Black people are quite capable of evading the totalitarianism of passion as whites are of perpetrating it. This is not an issue of *race*, but of creed. Take hip hop and house. Twelve-inch culture kills soul! Hip hop is anti-soul, disperses consciousness, quite literally CUTS UP THE BODY." Reynolds, *Blissed Out*, 84.

9. Schlußbemerkung: Wie beeinflußten Rap und Punk die Konstruktionen von '*gender*' in der Rock- und Popmusik?

In den vorangegangenen Kapiteln bin ich der Frage nachgegangen, welche performativen Ausdrucksformen im Punk und im Rap verwendet werden und wie durch Performanz '*gender*'-Identität geschaffen wird. Davon ausgehend möchte ich nun die Frage anreißen, welche Auswirkungen die im Punk und im Rap etablierten Repräsentationen für die Ausbildung nachfolgender Formen von Expressivität in der Pop- und Rockkultur hatten und wie sich dies auf die Konstruktion von Geschlecht in Jugend- und Subkulturen auswirkte. Da Punk nun 20 Jahre zurückliegt, eine Zeitspanne, die von rasanten Entwicklungen im Bereich neuer Technologien und Medien, die den Prozeß des Entstehens und die Präsentation von Musik stark verändert haben, geprägt war, ist ein umfassender Überblick an dieser Stelle nicht möglich. Vielmehr geht es mir darum, an einigen Beispielen grundsätzliche Veränderungen festzumachen.

Seit Punk haben performative Elemente in der Rock- und Popkultur an Bedeutung gewonnen. Die Rock- und Popkultur war schon immer von Performanz geprägt. Dies wurde bis in die frühen 70er Jahre jedoch in der Präsentation von Musik kaum reflektiert. Dies änderte sich mit Punk[1]. Trotz dieser bewußten Reflexion von Performanz im Punk wurde die performative Darstellung von '*gender*' in der von mir beschriebenen Phase von Punk kaum offen reflektiert.

Der Umstand, daß Geschlecht im Punk allenfalls im Subtext vorkam, änderte sich in der Zeit nach Punk. Punk hatte durch seine Weigerung, auf etablierte Repräsentationsformen zurückzugreifen, Platz für neue Wege der Darstellung gemacht. Der Nihilismus der Punkkultur wurde überwunden, gleichzeitig bezogen sich viele Künstler in den 80er und auch noch den 90er Jahren auf zentrale Elemente von Punk[2]. Die Demystifikationsstrategien, die

---

1 "Der entscheidende Punkt ist aber wohl, und das trifft für die Situation an den britischen Art-Schools ebenso zu wie auf die Lage in den New Yorker Zirkeln, daß sich innerhalb der Kunst der Siebziger das Interesse an den Möglichkeiten von Prozessualität, von Performance verstärkt hatte – weg vom großen Gestus des 'Finished Products' oder der reinen Idee. Genau diese Entwicklung lief analog zu dem Produktionsideal von Punk." Heiser, Jörg. "Kunst und Pop". *Spex*. (Dezember 1997): 40.

2 "This positive, constructive redefinition of punk ignored and erased crucial elements in punk's heterogeneity (rage, aggression, nihilism, chaos, outrage), rationalizing it to little more than the idea of 'progression'. Punk had been apocalyptic; there wasn't meant to be a day after. But here one was, in the future – what to do but 'flee to the edges', finish the 'incomplete revolution' [...]." Reynolds, Simon. "New Pop and Its

die frühe Punkzeit geprägt hatten, fanden bei nachfolgenden, sich auf die Punktradition beziehenden Bands auch Anwendung auf das in der Punkbewegung weitgehend ausgeklammerte Geschlechterverhältnis:

> Struggling to expose the ideological underpinnings of society, these bands directed their energy towards dismantling conventional constructions of feminity and masculinity.[3]

Während Punk trotz seines 'Do-It-Yourself' Standpunktes in bestimmten Aspekten elitär war (wie etwa in seiner Konsumfeindlichkeit und seiner Bezugnahme auf 'reine' Ideale) und diese Tradition auch von einigen aus Punk hervorgegangenen Genres (wie Post-Punk, Hardcore oder Grunge) fortgeführt wurde, bemühten sich manche der nachfolgenden Stile (wie etwa die britische Popmusik der 80er Jahre, vor allem Bands wie 'ABC', 'Heaven 17', 'Culture Club' oder 'Style Council') um ein größeres Publikum, indem sie sich glamouröser, hedonistischer und zugänglicher präsentierten. So sollten zentrale Themen des Punk einem größeren Publikum zugeführt werden:

> New pop involved a conscious and brave attempt to bridge the separation between 'progressive' pop and mass/ chart pop – a divide which has existed since 1967 and is also, broadly, on between boys and girls, middle-class and working-class culture: 'serious' music (from acid rock to punk to post-punk) is *head* culture – implicitly antidance, bodily passive, oriented toward contemplation, treatment of records as statements (artistic or social), based around LPs and lyrics. Mainstream pop is *body* culture – oriented to dance and sex, based around singles and stars, radio and clubs. New pop aimed to unite *head* and *body*, serious ideas and surface pleasures, theory and *love*.[4]

Zwar ist meiner Ansicht nach Punk keinesfalls als kopflastige Kultur zu verstehen, vielmehr war die Auflösung des Gegensatzes zwischen Kopf und Körper schon im Punk angelegt. Sie wurde allerdings relativ selten explizit thematisiert. Dennoch verweist dieses Zitat auf eine wichtige Entwicklung, die ohne Punk kaum möglich gewesen wäre. Diese Entwicklung stellte Grundannahmen der Rock- und Popkultur, die '*gender*'-Kategorien eher gefestigt als dekonstruiert hatten, in Frage.

Aftermath". *On Record – Rock, Pop and the Written Word.* Hg. Simon Frith und Andrew Goodwin. London: Routledge, 1990: 466.

3 Reynolds/ Press, *Sex Revolts,* 306. Dies war u.a. zurückzuführen auf eine starke Partizipation von Frauen an dieser Musik. "Post-punk demystification is one of the great phases of 'women in rock': there had never been such concerted involvement of women in bands, as players and ideologues." Reynolds/ Press, *Sex Revolts,* 313.

4 Reynolds, "New Pop And Its Aftermath", 467. Darüber hinaus beobachtet Reynolds: "There was an attempt to confuse gender distinctions within the individual as well as the pop marketplace – an interest in androgyny, ambiguity, and male glamour […]." (a.a.O.)

Statt dessen hielten Repräsentationsstrategien in die Rock- und Popkultur Einzug, die mit weniger statischen Konzepten von Identität arbeiten. Die im Punk sowie auch im Rap zentrale Strategie der Rekontextualisierung existierenden Materials spielt für diese Verflüssigung von Identität eine wichtige Rolle:

> 'Recontextualization' now [in post-punk culture] becomes an activity which is subversive, less because of the specific signs involved and shifts in their meanings, than because the very activity of recontextualization opens up a realm of freedom within (and dependent upon) practices of consumption.[5]

Doch nicht nur als theoretische kulturelle Praxis, sondern auch als Vorlage für konkrete Repräsentationsstrategien spielt Punk eine wichtige Rolle für den Umgang mit '*gender*' in der Rockmusik. Eine weitere Tradition von Musik, die sich bewußt in die Tradition von Punk stellt, ist die feministisch orientierte Musik der '*riot grrrl*'-Szene. Hier wurden die im Punk benutzten Strategien gezielt für feministische Aussagen benutzt, so z.B. der konfrontative Einsatz des eigenen Körpers. So schreibt Leonard:

> Riot grrrl bands, along with other riot grrls, challenged notions of female display. Members of Bikini Kill would write such words as 'SLUT' across their midriffs and arms in marker pen. This personal labelling preempted any derogatory term which might be directed at them. Thus these women were publicly confronting the viewer with the very terms designed to prohibit female display and curtail sexual activity.[6]

Rückblickend läßt sich festhalten, daß die in Punk entwickelten Repräsentationsstrategien eine intensive Reflexion der '*gender*'-Konstruktionen in der Rock- und Popmusik möglich machten. Zwar wurde im Punk selber Geschlecht kaum thematisiert, aber die entwickelten Repräsentationsstrategien waren die Grundlage für eine intensive Auseinandersetzung mit dem Thema. Insofern spielte Punk für die Thematisierung von Geschlechterrepräsentation in der Rockmusik eine entscheidende Rolle.

Die Frage nach den Folgen der '*gender*'-Repräsentation im Rap ist wesentlich schwerer zu beantworten. Es ist nicht möglich, Rap retrospektiv zu bewerten und daraus verifizierbare Schlußfolgerungen zu ziehen. Rap ist, anders als Punk, ein nach wie vor lebendiges Genre, und es ist nicht davon auszugehen, daß es in absehbarer Zeit zu einer Stagnation oder Auflösung der Rapkultur kommen wird. Rap ist kein kurzlebiger Trend, sondern aufgrund seiner Verwurzelung in der afroamerikanischen '*community*' auch eine alternative Kommunikationsform, die unabhängig von den Verwertungs-

---

5 Straw, "Popular Music", 19.

6 Leonard, "Grrrl Power", 235. "This method of communication thus links riot grrrl directly into a punk tradition." Leonard, "Grrrl Power", 236.

mechanismen der Musikindustrie besteht. Wie mehrfach betont, ist Rap als Kategorie zu vielschichtig und widersprüchlich, als daß sich verallgemeinerbare Aussagen, wie bei Punk, treffen ließen. Auch die in dieser Arbeit beschriebenen Genres, der politische und der 'Gangsta' Rap, sind, obwohl sie schon seit 10 Jahren existieren, immer noch ein wesentlicher Bestandteil der Rapszene. Die Rezeption dieser Genres ist in der Hiphop-'*community*' nach wie vor Grund für Auseinandersetzungen. So wird viel über Sexismus im 'Gangsta'-Rap diskutiert. Die Kritik macht sich jedoch hauptsächlich an den Texten, und konkret den Textstellen, in denen Frauen beleidigt werden, fest. Die Konstruktion von Männlichkeit und deren konkrete Präsentation wird so nur indirekt thematisiert. Dies führt dazu, daß die Texte relativ isoliert betrachtet werden und nicht in einen weiteren Kontext, der eine differenzierte Analyse ermöglichen würde, gestellt werden.

Zusammenfassend läßt sich sagen, daß Rap '*gender*'-Kategorien durch eine als sehr 'männliche' definierte Identität eher festschreibt als auflöst. Diese Tendenz reflektiert sich auch in der Bezugnahme auf Konzepte, die Differenz eher betonen, als ihre Konstruktion zu hinterfragen. Jedoch wäre es voreilig, Rap einen in Hinsicht auf '*gender*'-Konstruktionen per se reaktionären Standpunkt zu unterstellen. Durch die offene und konfrontative Art, mit der Männlichkeit im Rap repräsentiert wird, wurden diese Konstruktionen gleichzeitig auch zur Diskussion gestellt. Durch die Körperlichkeit von Rap wurden Repräsentationen konkretisiert und verhandelbar gemacht. In der Art und Weise, sich selbst zur Diskussion zu stellen, war Rap sicher von den konfrontativen Repräsentationsstrategien des Punk beeinflußt. In diesem Zusammenhang stellt sich die Frage, inwieweit Rap die Erfahrungen von Punk in seine Repräsentation inkorporierte.

Für diesen Zusammenhang ist lediglich festzuhalten, daß Rap, ähnlich wie Punk, die Demokratisierung von Populärmusik vorantrieb, vor allem, was den Zugang zur Produktion anging. Inwiefern Frauen von dieser Struktur profitieren, ist aus heutiger Sicht noch nicht wirklich ersichtlich. Festzuhalten ist jedoch, daß die Zahl der erfolgreichen Frauen im Rap (wie Mary J. Blige oder Missy Elliot) und der gleichberechtigten MCs in gemischten Formationen (wie etwa bei den 'Fugees') gegenwärtig stark zunimmt und daß diese von der Presse und den Kritikern mit Interesse wahrgenommen werden. Ob diese weibliche Offensive auf die speziellen Bedingungen von Rap zurückzuführen ist oder im Zusammenhang mit einer zunehmenden Präsenz von Frauen im Musikbusiness zu sehen ist, kann an dieser Stelle nicht geklärt werden.

Über diese Entwicklungen in der Geschlechterdynamik hinaus hatte Rap als Genre einen nicht zu unterschätzenden Einfluß auf andere Genres im Bereich der Dancemusik. Hierzu zählt beispielsweise Housemusik, deren

Entstehungsgeschichte eng mit der Schwulenkultur verbunden ist. Frauen und Schwule sind in vielen Dance-Genres zumindest im Publikum sehr präsent – deutlich stärker, als dies üblicherweise in der klassischen, band-orientierten Rockmusik der Fall ist. Was die Herstellung dieser Musik angeht, nehmen Männer auch hier meist die Produzentenrolle ein. Dennoch privilegiert die Dancekultur 'männliche' subkulturelle Manifestationen nicht so eindeutig, wie dies in Teilen der Rock- und Popkultur der Fall ist. So steht beispielsweise ein Fachwissen über Musik, das meist eine männliche Domäne ist, gegenüber einer körperorientierten Verwertung der Musik, wie etwa durch Tanz, im Hintergrund. Die kulturelle Praxis in diesen Genres, die sich zumindest anteilig aus der Hiphopkultur ableitet, läßt flexible Konstruktionen von '*gender*' zu. In diesem Zusammenhang stellt sich die Frage, wieso in der Forschung der Einfluß von Rap auf Genres wie House und Jungle bislang nicht so detailliert analysiert wurde, wie dies bei Punk hinsichtlich nachfolgender Entwicklungen geleistet wurde. Auch hier spielt sicher die fehlende historische Distanz eine Rolle. Die Fixierung der Forschung auf den Zusammenhang zwischen '*race*' und Rap führt für meine Begriffe dazu, daß andere interessante Aspekte der Hiphopkultur, wie etwa die Analyse der Vermischung mit anderen Musikstilen, in den Hintergrund treten. Doch trotz dieser selektiven Wahrnehmung von seiten der Kritiker funktioniert Rap als Inspiration, auch jenseits der definierten Diskursfläche.

Frauen und alternative männliche Identitäten haben in der Rock- und Popkultur an Einfluß gewonnen. Die kulturelle Praxis ist aufgrund der beschriebenen Entwicklungen vielschichtiger geworden. Zu dem Umstand, daß es für Frauen und homosexuelle Männer aufgrund alternativer Konstruktionen von Geschlecht mehr Möglichkeiten gab, sich individuell zu artikulieren, kam auch eine Veränderung der ökonomischen Rahmenbedingungen. Die höhere Präsenz von Frauen im Musikgeschäft (interessanterweise gibt es einige Rapbands mit weiblichen, oft auch weißen Managerinnen) schreibt den Ausschluß von Frauen nicht mehr so rigide fest, wie das vor einigen Jahren noch der Fall war.

Abschließend ist festzuhalten, daß sich die Entwicklung der letzten Jahre, gerade was die Repräsentation von '*gender*' angeht, immer wieder stark auf die Innovationen des Punk bezogen hat. So rückte die Auseinandersetzung mit Geschlecht in das emotionale Zentrum von Rock- und Popmusik:

> For decades, rock'n'roll was based on the 'White Negro' syndrome, an emulation of black machismo, flamboyance, passion and self-aggrandisement. From 60s blues to punks identifying with Rastafarian reggae to suburban mall-brats mimicking the psychopathic cool of gangsta rap, white kids have long

identified with black male rebellion. But in recent years, alternative rock has begun to replace racial envy with gender tourism.[7]

[7] Reynolds/ Press, *Sex Revolts*, 385.

10. Bibliographie

Allen jr., Earnest. "Making the Strong Survive: The Contours and Contradictions of Message Rap". *Droppin' Science: Critical Essays on Rap Music and Hip Hop Culture*. Hg. William Erik Perkins. Philadelphia: Temple University Press, 1996. 159-191.

Armstrong, Edward G. "The Rhetoric of Violence in Rap and Country Music". *Sociological Inquiry*. Vol. 63 No. 1 (1993): 64-83.

Baake, Dieter. "Wechselnde Moden – Stichwörter zur Aneignung eines Mediums durch die Jugend". *Jugend und Mode*. Hg. Dieter Baake [u.a.]. Leverkusen, Leske & Budrich, 1988.

Baber, Ceola Ross. "The Artistry and Artifice of Black Communication". *Expressively Black – The Cultural Basis of Ethnic Identity*. Hg. Geneva Gay und Willie L. Barber. New York: Praeger, 1987. 75-108.

Baker jr., Houston A. *Black Studies, Rap and The Academy*. Chicago und London: The University of Chicago Press, 1993.

Baureithel, Ulrike. "Verwirrung im Geschlechterspiel". *die tageszeitung*. 31. Oktober 1992: 13.

Bechdolf, Ute. "De- und Rekonstruktion von Geschlecht beim Musikfernsehen. Eine Fallstudie." *Step Across The Border. Neue musikalische Trends – neue massenmediale Kontexte*. Hg. Helmut Rösing. Beiträge zur Popularmusikforschung. Vol. 19/20 (1997): 184-199.

Berg, Manfred. "Die innere Entwicklung der USA seit dem Zweiten Weltkrieg". *Länderbericht USA*. Band 1. Hg. Willi Paul Adams [u.a.]. Bonn: Landeszentrale für politische Bildung, 1992. 186-215.

Birch, Ian. "Punk". *The Rock Primer*. Hg. John Collins. Harmondsworth: Penguin Books, 1980. 261-290.

Boot, Adrian und Chris Salewicz. *Punk: The llustrated History Of A Music Revolution*. London: Boxtree Limited, 1996.

Bourdieu, Pierre. *Die feinen Unterschiede: Kritik der gesellschaftlichen Urteilskraft*. Frankfurt a.M.: Suhrkamp, 1987.

Brake, Mike. *The Sociology of Youth Culture and Youth Subcultures – Sex and Drugs and Rock'n'Roll*. London, Boston und Henley: Routledge & Kegan Paul, 1980.

Bruder-Bezzel, Almuth. "Die Zurichtung der Frau geht über den Körper – Frauenästhetik und Subkultur". *Schock und Schöpfung*. Hg. Willi Bucher und Klaus Pohl. (Im Auftrag des Deutschen Werkbunds e.V. und Württembergischen Kunstvereins Stuttgart). Darmstadt und Neuwied: Luchterhand Verlag, 1986. 139-142.

Bunz, Mercedes. "You've got to ride with the storm, always – Interview mit Dick Hebdige." *Buzz – Zeitschrift für elektronische Lebensaspekte*. No.1 (Juli 1997): 1; 8-9.

Burchill, Julie und Tony Parsons. *The Boy Looked at Johnny. The Obituary of Rock'n'Roll*. London: Pluto Press, 1978.

Buß, Christoph. "Vom Boasting-Blues zum Angeber-Rap. Zur Tradition und Aktualität eines verbalen Rituals in der afro-amerikanischen Musik". *Mainstream – Underground – Avantgarde: Rockmusik und Publikumsverhalten*. Hg. Helmut Rösing. Beiträge zur Populärmusikforschung. No. 18 (1996): 36-45.

Butler, Judith. *Gender Trouble: Feminism and the Subversion of Identity.* New York und London: Routledge, 1990.

Butler, Judith. *Bodies that Matter: On The Discursive Limits of Sex.* New York und London: Routledge, 1993.

Chambers, Iain. *Urban Rhythms – Pop Music and Popular Culture*. New York: St. Martins Press, 1985.

Clarke, John [u.a.]. "Subkulturen, Kulturen und Klasse." *Jugendkultur als Widerstand – Milieus, Rituale, Provokationen*. (dt. Übersetzung von Thomas Lindquist und Susi Büttel.) Hg. Axel Honneth, Rolf Lindner und Rainer Paris. Frankfurt a.M.: Syndikat, 1979. 39-131.

Coates, Norma. "(R)evolution Now? Rock and the Political Potential of Gender." *Sexing The Groove – Popular Music and Gender*. Hg. Sheila Whiteley. London und New York: Routledge, 1997. 50-64.

Connell, Robert W. *Masculinities*. Cambrigde (UK): Polity Press, 1995.

Coon, Caroline. *1988 – The New Wave Punk Rock Explosion*. London: Orbach and Chambers, 1977.

Craddock-Willis, Andre. "Rap Music and the Black Musical Tradition: A Critical Assessment". *Radical America.* Vol. 23 No. 4 (1989): 29-38.

De Lauretis, Teresa. *Technologies of Gender – Essays on Theory, Film and Fiction*. Bloomington und Indianapolis: Indiana University Press, 1987.

Decker, Jeffrey Louis. "The State of Rap: Time and Place in Hip Hop Nationalism". *Microphone Fiends – Youth Music and Youth Culture*. Hg. Andrew Ross und Tricia Rose. New York und London: Routledge, 1994. 99-121.

Diamond, Elin. "Introduction". *Performance and Cultural Politics*. Hg. Elin Diamond. London: Routledge, 1996. 1-12.

Diedrichsen, Diedrich. *Freiheit macht arm – Das Leben nach Rock'n'Roll 1990-93*. Köln: Kiepenheuer & Witsch, 1993.

Dufresne, David. *Yo! Revolution Rap*. Paris: Edition Ramsay, 1991. (dt. Übersetzung von Jutta Schornstein mit up-date von Günter Jacob. *Yo! Rap Revolution. Geschichte, Gruppen. Bewegung*. Neustadt: Buchverlag Michael Schwinn, 1992.)

Dyson, Michael Eric. "Performance, Protest and Prophecy in the Culture of Hip-Hop". *The Emergency of Black and The Emergence of Rap: A Special Issue of Black Sacred Music*. A Journal of Theomusicology. Vol. 5 No. 1 (1991): 12-24.

Ebron, Paulla. "Rapping Between Men: Performing Gender". *Radical America.* Vol. 23 No. 4 (1989): 23-27.

Ewen, Stuart. "Marketing Dreams. The Political Elements of Style". *Consumption, Identity and Style – Marketing, Meanings and the Packaging of Pleasure*. Hg. Alan Tomlinson. London und New York: Routledge, 1990. 41-56.

Fine, Elizabeth C. und Jean Haskell Speer. "Introduction". *Performance, Culture and Identity*. Hg. Elizabeth C. Fine und Jean Haskell Speer. Westport (Ct): Praeger, 1992. 1-21.

Fiske, John. "Popular Culture". *Critical Terms for Literary Study*. Hg. Frank Lentricchia und Thomas McLaughlin. Chicago und London: The University of Chicago Press, 1995. 321-335.

Franklin II, Clyde W. "Surviving the Institutional Decimation of Black Males: Causes, Consequences, and Intervention". *The Making of Masculinities – The New Men's Studies*. Hg. Harry Brod. Boston: Allen & Unwin, 1987. 155-171.

Freund, Jürgen. "Droppin' Dope Rhymes – Rap: der musikalische Diskurs der HipHop Kultur". *Forum Musikwissenschaft*. Bd. 3 (1986): 57-62.

Fricke, Harald. "Der große schwarze Signifyer". *die tageszeitung*. 9. Dezember 1994: 15-16.

Frith, Simon und Angela McRobbie. "Rock and Sexuality". *On Record – Rock, Pop and the Written Word*. Hg. Simon Frith und Andrew Goodwin. London: Routledge, 1990. 371-389.

Frith, Simon. *Music for Pleasure – Essays in the Sociology of Pop*. Cambridge (UK): Polity Press, 1988.

Frith, Simon. "Music and Identity". *Questions of Cultural Identity*. Hg. Stuart Hall und Paul du Gay. London: Sage Publications, 1996. 108-127.

Frith, Simon. *Performing Rites – On the Value of Popular Music*. Oxford und New York: Oxford University Press, 1996.

Fuchs, Cynthia. "'Beat me Outta Me': Alternative Masculinities". *Boys – Masculinities in Contemporary Culture*. Hg. Paul Smith. Boulder (Co): Westview Press, 1996. 171-198.

Garofalo, Reebee. "Black Popular Music: Crossing Over or Going Under". *Rock and Popular Music – Politics, Policies, Institutions*. Hg. Tony Bennett [u.a.]. New York und London: Routledge, 1993. 231-248.

Gates jr., Henry Louis. "The Black Man's Burden". *Black Popular Culture*. Hg. Gina Dent. Seattle: Bay Press, 1992. 75-84.

Gay, Geneva and Willie L. Baber. "Introduction". *Expressively Black – The Cultural Basis of Ethnic Identity*. Hg. Geneva Gay und Willie L. Barber. New York: Praeger, 1987. XV- XXII.

Gay, Geneva. "Expressive Ethos of Afro-American Culture". *Expressively Black – The Cultural Basis of Ethnic Identity*. Hg. Geneva Gay und Willie L. Barber. New York: Praeger, 1987. 1–16.

Gilbert, Jeremy. "Blick zurück in Moll". *die tageszeitung*. 12/13. Juli 1997: 10.

Gilroy, Paul. *There Ain't No Black in the Union Jack – The Cultural Politics of Race and Nation*. London: Hutchinson, 1987.

Goldthorpe, Jeff. "Intoxicated Culture – Punk Symbolism and Punk Protest". *Socialist Review*. Vol. 22 No. 2 (1992): 35-64.

Goodwin, Andrew. *Dancing in the Distraction Factory – Music Television and Popular Culture*. Minneapolis: University of Minnesota Press, 1992.

Goodwin, Andrew. "Fatal Distractions: MTV Meets Postmodern Theory". *Sound and Vision – The Music Video Reader*. Hg. Simon Frith, Andrew Goodwin und Lawrence Grossberg. London und New York: Routledge, 1993. 45-66.

Graham, Dan. *Rock my Religion – Writings and Art Projects 1965-1990*. Hg. Brian Wallis. Boston: Massachusetts Institute of Technology, 1993.

Gray, Hermann. "Black Masculinity and Visual Culture". *Black Male – Representations of Masculinity in Contemporary American Art*. Hg. Thelma Golden. New York: Whitney Museum of American Art, 1994. 175-180.

Grossberg, Lawrence. "'I'd Rather Feel Bad Than Not Feel Anything At All': Rock and Roll, Pleasure and Power". *Enclitic.* No. 8 (1985): 94-111.

Grossberg, Lawrence. "Is There Rock After Punk?". *On Record – Rock, Pop and the Written Word*. Hg. Simon Frith und Andrew Goodwin. New York: Pantheon Books, 1990. 111-124.

Grossberg, Lawrence. "The Media Economy of Rock Culture: Cinema, Post-modernity and Authenticity". *Sound and Vision. The Music Video Reader*. Hg. Simon Frith [u.a.]. London und New York: Routledge. 1993. 185-210.

Hall, Stuart. *Rassismus und kulturelle Identität*. Herausgegeben und übersetzt von Ulrich Mehlem. Hamburg: Argument Verlag, 1994.

Harper, Phillip Brian. *Are We Not Men? Masculine Anxiety and the Problem of African-American Identity*. New York und Oxford: Oxford University Press, 1996.

Harvie, Christoph. "Kultur und Gesellschaft". *Länderbericht Großbritannien*. Hg. Hans Kastendiek [u.a.]. Bonn: Landeszentrale für politische Bildung. 471- 494.

Hazzard-Donald, Katrina. "Dance in Hip Hop Culture". *Droppin' Science: Critical Essays on Rap Music and Hip Hop Culture*. Hg. Perkins, William Erik. Philadelphia: Temple University Press, 1996. 220-235.

Hebdige, Dick. *Subculture – The Meaning of Style*. London und New York: Routledge, 1979.

Hebdige, Dick. "Style as Homology and Signifying Practice". *On Record – Rock, Pop and the Written Word*. Hg. Simon Frith und Andrew Goodwin. London: Routledge, 1990. 56-80.

Heiser, Jörg. "Kunst und Pop". *Spex*. Dezember 1997: 38-41.

Henry, Tricia. *Break All Rules! Punk Rock and the Making of a Style*. Ann Harbor und London: UMI Research Press, 1989.

Höller, Christian. "Widerstandsrituale und Pop-Plateaus. Birmingham School, Deleuze/Guattari und Popkultur heute". *Mainstream der Minderheiten – Pop in der Kontrollgesellschaft*. Hg. Tom Holert und Mark Terkessidis. Berlin: Edition ID-Archiv, 1996. 55-71.

Hof, Renate. "Die Entwicklung der *Gender Studies*". *Genus. Zur Geschlechter-differenz in den Kulturwissenschaften*. Hg. Hadumod Bußmann und Renate Hof. Stuttgart: Krögner, 1995. 3-33.

hooks, bell. *Talking Back – Thinking Feminist, Thinking Black*. Boston (Ma): South End Press, 1989.

hooks, bell. *Yearning: Race, Gender and Cultural Politics*. Boston (Ma): South End Press, 1990.

hooks, bell. *Black Looks*. Boston: South End Press, 1992 (dt. Übersetzung von Karin Meißenburg. *Black looks: Popkultur – Medien – Rassismus*. Berlin: Orlanda Frauenverlag, 1994).

Horrocks, Roger. *Masculinity in Crisis – Myths, Fantasies and Realities*. New York: St. Martins Press, 1994.

Horrocks, Roger. *Male Myths and Icons – Masculinity in Popular Culture*. New York: St. Martins Press, 1995.

Huyssen, Andreas. *After the Great Divide – Modernism, Mass Culture, Postmodernism*. Basingstoke: Macmillan, 1986.
Irving, Katrina. "'I Want your Hands on Me': Building Equivalences through Rap Music". *Popular Music*. Vol. 12 No. 2 (1993): 105-123.
Jacob, Günter. "Public Enemy". *Spex*. Juni 1990. 24-28; 66.
Jacob, Günter. *Agit-Pop – Schwarze Musik und weiße Hörer*. Berlin: Edition ID-Archiv, 1993.
Jebsen, Peter. "Interview mit Chuck D". *Spex*. Juni 1990: 28-29.
Jones, Simon. *Black Culture – White Youth. The Reggae Tradition from JA to UK*. Bastingstoke: Macmillan Education, 1988.
Kaplan, Ann E. *Rocking Around the Clock – Music Television, Postmodernism, and Consumer Culture*. New York und London: Methuen, 1987.
Kelley, Robin. "Kickin' Reality, Kickin' Ballistics: Gangsta Rap and Postindustrial Los Angeles". *Droppin Science: Critical Essays on Rap Music and Hip Hop Culture*. Hg. William Erik Perkins. Philadelphia: Temple University Press, 1996. 117-158.
Laing, Dave. "The Grain of Punk: An Analysis of the Lyrics". *Zoot Suits and Second Hand Dresses – An Anthology of Fashion and Music*. Hg. Angela McRobbie. Basingstoke: Macmillan Education Ltd., 1989. 74-102.
Laing, Dave. *One Chord Wonders – Power and Meaning in Punk Rock*. Milton Keynes und Philadelphia: Open University Press, 1985.
Leonard, Marion. "Rebel Girl, You Are The Queen Of My World – Feminism, 'subculture', and grrrl power". *Sexing The Groove – Popular Music and Gender*. Hg. Sheila Whiteley. London und New York: Routledge, 1997. 230-256.
Lewis, Lisa A. *Gender Politics and MTV – Voicing the Difference*. Philadelphia: Temple University Press, 1990.
Light, Alan. "About a Salary or Reality? – Rap's Recurring Conflict". *The South Atlantic Quarterly*. Vol. 90 No. 4 (1991): 855-870.
Lindemann, Gesa. "Szenen einer Begriffsehe". *die tageszeitung*. 5. August 1994: 13.
Lipsitz, George. "We Know What Time It Is – Race, Class and Youth Culture in the Nineties". *Microphone Fiends – Youth Music and Youth Culture*. Hg. Andrew Ross und Tricia Rose. New York und London: Routledge, 1994. 17-28.
Lott, Eric. *Love and Theft – Blackface Minstrelsy and The American Working Class*. New York und Oxford: Oxford University Press, 1993.
Loza, Steven Loza [u.a.]. "Los Angeles Gangsta Rap and the Aesthetics of Violence". *Selected Reports in Ethnomusicology – Musical Aesthetics and Multiculturalism in Los Angeles*. Vol. X (1994): 149-161.
Major, Clarence. *Juba to Jive – A Dictionary of African-American Slang*. New York: Penguin, 1994.
Majors, Richard und Janet Mancini Billson. *Cool Pose – The Dilemmas of Black Manhood in America*. New York: Lexington Books, 1992.
Majors, Richard [u.a.]. "Cool Pose: A Symbolic Mechanism for Masculine Role Enactment and Coping by Black Males". *The American Black Male – His Present Status and His Future*. Hg. Richard G. Majors und Jacob U. Gordon. Chicago: Nelson-Hall Publishers, 1994. 245-259.
Marcus, Greil. *In the Fascist Bathroom – Writings on Punk 1977-1992*. London und New York: Penguin, 1993.

Marcus, Greil. *Lipstick Traces. A Secret History of the Twentieth Century*. Cambridge (Ma): Harvard University Press, 1989. (dt. Übers. von Hans M. Herzog und Friedrich Schneider. *Lipstick Traces. Von Dada bis Punk – kulturelle Avantgarden und ihre Wege aus dem 20. Jahrhundert*. Hamburg: Rogner & Bernhard, 1992.)

Marvick, Arthur. "Mentalitätsstrukturen und soziokulturelle Verhaltensmuster". *Länderbericht Großbritannien*. Hg. Hans Kastendiek [u.a.]. Bonn: Landeszentrale für politische Bildung, 1994. 109-138.

May, Michael. *Provokation Punk – Versuch einer Neufassung des Stilbegriffs in der Jugendforschung*. Frankfurt a.M.: Institut für Jugendforschung und Jugendkultur, 1986.

Mayer, Ruth. "Schmutzige Fakten – Wie sich Differenz verkauft". *Mainstream der Minderheiten – Pop in der Kontrollgesellschaft*. Hg. Tom Holert und Mark Terkessidis. Berlin: Edition ID-Archiv, 1996. 153-168.

McClary Susan. "Same As It Ever Was: Youth Culture and Music". *Microphone Fiends – Youth Music and Youth Culture*. Hg. Andrew Ross und Tricia Rose. New York und London: Routledge, 1994. 29-40.

McGrath, Roberta. "Looking Hard – The Male Body under Patriarchy". *Behold the Man: The Male Nude in Photography*. Hg. Alasdair Foster. Edinburgh, 1988. 56-62.

McNeil, Legs und Gillian McCain. *Please Kill Me – The Uncensored Oral History of Punk*. New York: Grove Press, 1996.

McRobbie, Angela und Jenny Garber. "Girls and Subcultures". *Feminism and Youth Culture – From 'Jackie' to 'Just Seventeen'*. Hg. Angela McRobbie. Basingstoke: Macmillan, 1991. 1-15.

McRobbie, Angela. "Settling Accounts with Subcultures – A Feminist Critique". *On Record – Rock, Pop and the Written Word*. Hg. Simon Frith und Andrew Goodwin. London: Routledge, 1990. 66-80.

McRobbie, Angela. *Feminism and Youth Culture – From 'Jackie' to 'Just Seventeen'*. Basingstoke: Macmillan, 1991.

Mercer, Kobena und Isaac Julien. "Race, Sexual Politics and Black Masculinity: A Dossier". *Male Order – Unwrapping Masculinity*. Hg. Rowena Chapman und Jonathan Rutherford. London: Lawrence & Wishart, 1988. 97-163.

Middleton, Richard. *Studying Popular Music*. Milton Keynes und Philadelphia: Open University Press, 1990.

Morley, Jefferson. "Rap Music as American History". *RAP – The Lyrics*. Hg. Lawrence A. Stanley und Jefferson Morley. London und New York: Penguin, 1992. XV-XXXI.

Mort, Frank. "Boy's Own? Masculinity, Style and Popular Culture". *Male Order – Unwrapping Masculinity*. Hg. Rowena Chapman und Jonathan Rutherford. London: Lawrence & Wishart, 1988. 193-224.

Naumann, Michael und Boris Penth. "Stiltransit – Gedanken zur Ästhetik des Punk". *Schock und Schöpfung*. Hg. Willi Bucher und Klaus Pohl. (Im Auftrag des Deutschen Werkbunds e.V. und Württembergischen Kunstvereins Stuttgart). Darmstadt und Neuwied: Luchterhand Verlag, 1986. 119-127.

Nelson, Havelock und Michael A. Gonzales. *Bring the Noise – A Guide to Rap Music and Hip-Hop Culture*. New York: Harmony Books, 1991.

Omi, Michael und Howard Winant. *Racial Formation in the United States from the 1960s to the 1980s*. New York und London: Routledge & Kegan Paul, 1986.

Pape, Winfried und Kai Thomsen. "Zur Problematik der Analyse von Videoclips." *Step Across The Border. Neue musikalische Trends – neue massenmediale Kontexte*. Hg. Helmut Rösing. Beiträge zur Popularmusikforschung. Vol. 19/20 (1997): 200-217.

Pareles, Jon. "On Rap – Symbolism and Fear". *New York Times*. 2. Februar 1992: Sec. 2 1; 23.

Parker, Andrew und Eve Kosofsky Sedgwick. "Introduction: Performativity and Performance". *Performativity and Performance*. Hg. Andrew Parker und Eve Kosofsky Sedgwick. New York und London: Routledge, 1995. 1-18.

Pattison, Robert. *The Triumph of Vulgarity – Rock Music in the Mirror of Romanticism*. New York und Oxford: Oxford University Press, 1987.

Perkins, William Eric. "The Rap Attack: An Introduction". *Droppin' Science – Critical Essays on Rap Music and HipHop Culture*. Hg. William Eric Perkins. Philadelphia: Temple University Press, 1996. 1-45.

Peschke, Marc. "Drei Cover von The Clash". *testcard*. No. 1 (1997): 42-45.

Pfeil, Fred. *White Guys – Studies in Postmodern Domination & Difference*. London und New York: Verso, 1995.

Poschardt, Ulf. "DJ-Culture". [Masch.-schr.] Diss. Berlin, 1995.

Potter, Russell A. *Spectacular Vernaculars – Hip-hop and the Politics of the Postmodern*. Albany: State University of New York Press, 1995.

Raeithel, Gerd. *Geschichte der nordamerikanischen Kultur – Vom New Deal bis zur Gegenwart. 1930-1995*. Band 3. Frankfurt a.M.: Zweitausendeins, 1995.

Raphael, Amy. *Never Mind the Bollocks – Women Rewrite Rock*. London: Virago Press, 1995.

Reynolds, Simon. "New Pop and Its Aftermath". *On Record – Rock, Pop and the Written Word*. Hg. Simon Frith und Andrew Goodwin. London: Routledge, 1990. 466-471.

Reynolds, Simon. *Blissed Out – The Raptures of Rock*. London: Serpent's Tail, 1990.

Reynolds, Simon und Joy Press. *The Sex Revolts – Gender, Rebellion and Rock'n'Roll*. London: Serpent's Tail, 1995.

Rose, Tricia. "Rap Music and the Demonization of Young Black Males". *Black Male – Representations of Masculinity in Contemporary American Art*. Hg. Thelma Golden. New York: Whitney Museum of American Art, 1994. 149-157.

Rose, Tricia. *Black Noise – Rap Music and Black Culture in Contemporary America*. Hanover und London: Wesleyan University Press, 1994.

Ross, Andrew. "The Gangsta and the Diva". *Black Male – Representations of Masculinity in Contemporary American Art*. Hg. Thelma Golden. New York: Whitney Museum of American Art, 1994. 159-166.

Ross, Andrew. "Introduction". *Microphone Fiends – Youth Music and Youth Culture*. Hg. Andrew Ross und Tricia Rose. New York und London: Routledge, 1994. 1-16.

Rubey, Dan. "Voguing at the Carnival: Desire and Pleasure on MTV". *The South Atlantic Quarterly*. Vol. 90 No. 4 (1991): 871-906.

Rumsey, Gina und Hillary Little. "Women and Pop: A Series of Lost Encounters". *Zoot Suits and Second Hand Dresses – An Anthology of Fashion and Music*. Hg. Angela McRobbie. Basingstoke: Macmillan Education Ltd., 1989. 239-244.

Salaam, Mtume ya. "The Aesthetics of Rap". *African-American Review*. Vol. 29 No. 1 (1995): 302-315.

Savage, Jon. "The Enemy Within: Sex, Rock and Identity". *Facing the Music*. Hg. Simon Frith. New York: Pantheon Books, 1988. 131-172.

Savage, Jon. "Tainted Love: The Influence of Male Homosexuality and Sexual Divergence on Pop Music and Culture Since The War". *Consumption, Identity and Style – Marketing, Meanings and the Packaging of Pleasure*. Hg. Alan Tomlinson. New York und London: Routledge, 1990. 153-171.

Savage, Jon. *England's Dreaming – Sex Pistols and Punk Rock*. London: Faber and Faber, 1992.

Savage, Jon. *Time Travel – Pop, Media and Sexuality 1976-96*. London: Chatto & Windus, 1996.

Schneidinger, Dirk. "Hustler's Convention – Leck mich, Afrika". *Spex*. September 1990. 36-39.

Schröder, Hans Christoph. "Die Geschichte Englands. Ein Überblick". *Länderbericht Großbritannien.* Hg. Hans Kastendiek [u.a.]. Bonn: Landeszentrale für politische Bildung, 1994. 15-67.

Shumway, David R. "Rock'n'Roll as a Cultural Practice". *The South Atlantic Quarterly.* Vol. 90 No. 4 (1991): 753-769.

Sidran, Ben. *Black Talk.* 1971. (dt. Übersetzung von Heinrich Keim. *Black Talk. Schwarze Kultur – die andere Kultur im weißen Amerika*. Hofheim: Wolke Verlag, 1993 (2. Auflage).)

Sinfield, Alan. *Literature, Politics and Culture in Postwar Britain*. Berkeley und Los Angeles: University of California Press, 1989.

Smith, Martha Nell. "Sexual Mobilities in Bruce Springsteen: Performance as Commentary". *The South Atlantic Quarterly.* Vol.90 No.4 (1991): 833-854.

Smith, Paul. "Introduction". *Boys – Masculinities in Contemporary Culture*. Hg. Paul Smith. Boulder (Co): Westview Press, 1996. 1-8.

Soeffner, Hans-Georg. "Stil und Stilisierung – Punk oder die Überhöhung des Alltags". *Stil – Geschichten und Funktionen eines kulturwissenschaftlichen Diskurselements*. Hg. Hans Ulrich Gumbrecht und K. Ludwig Pfeiffer. Frankfurt a.M.: Suhrkamp, 1986. 317-341.

Stanley, Lawrence A. und Jefferson Morley, Hg. *RAP – The Lyrics*. London und New York: Penguin, 1992.

Straw, Will. "Popular Music and Postmodernism in the 1980s". *Sound and Vision. The Music Video Reader.* Hg. Simon Frith [u.a.]. London und New York: Routledge, 1993. 3-24.

Straw, Will. "Sizing Up Record Collections – Gender and Connoisseurship in Rock Musik Culture". *Sexing The Groove – Popular Music and Gender.* Hg. Sheila Whiteley. London und New York: Routledge, 1997. 3-16.

Thiel, Wolfgang und Hans-Jürgen Wirth. "Über Geschmack läßt sich streiten – Die Bedeutung ästhetischer Ausdrucksmittel für Jugendliche". *Schock und Schöpfung*. Hg. Willi Bucher und Klaus Pohl. (Im Auftrag des Deutschen Werkbunds e.V.

und Württembergischen Kunstvereins Stuttgart). Darmstadt und Neuwied: Luchterhand Verlag, 1986. 148-152.

Thornton, Sarah. *Club Cultures – Music, Media and Subcultural Capital*. Cambridge (UK): Polity Press, 1995.

Toop, David. *Rap Attack*. London: Serpent's Tail, 1991. (dt. Übers. von Diedrich Diedrichsen. *Rap Attack – African Jive bis Global HipHop*. St. Andra-Wörden, Österreich: Hannibal Verlag, 1992.)

Von der Ohe, Werner. "Armut". *Länderbericht USA*. Band 2. Hg. Willi Paul Adams [u.a.]. Bonn: Landeszentrale für politische Bildung, 1992. 307-325.

Wallace, Michelle. "When Black Feminisim Faces The Music and The Music Is Rap". *New York Times*. 29. Juli 1990: H20.

Wallace, Michelle. "Variationen über Negation – Das Häretische an schwarzer feministischer Kreativität". (dt. Übersetzung von Bettina Seifried.) *Yo! Hermeneutics. Schwarze Kulturkritik – Pop, Medien, Feminismus*. Hg. Diedrich Diedrichsen. Berlin: Edition ID-Archiv. 1992. 105-117.

Walser, Robert. "Forging Masculinity: Heavy-Metal Sounds and Images of Gender". *Sound & Vision – The Music Video Reader*. Hg. Simon Frith, Andrew Goodwin und Lawrence Grossberg. London und New York: Routledge, 1993. 153-184.

Welsch, Wolfgang. *Unsere Moderne Postmoderne*. 4. Auflage. Berlin: Akademie Verlag, 1994.

White, E. Frances. "Africa on My Mind: Gender, Counter Discourse and African-American Nationalism". *Journal of Women's History*. Vol. 2 No. 1 (1990): 73-97.

White, Marilyn, M. "We Are Family!: Kinship and Solidarity in the Black Community." *Expressively Black – The Cultural Basis of Ethnic Identity*. Hg. Geneva Gay und Willie L. Barber. New York: Praeger, 1987. 17-34.

Whiteley, Sheila. "Little Red Rooster v. The Honky Tonk Women – Mick Jagger, Sexuality, Style and Image". *Sexing The Groove – Popular Music and Gender*. Hg. Sheila Whiteley. London und New York: Routledge, 1997. 67-99.

Willis, Paul. *Learning to Labour – How Working Class Kids Get Working Class Jobs*. Westmead: Saxon House, 1977.

11. Diskographie

N.W.A. *Straight Outta Compton*. (Ruthless Records) 1988.
Texte auf [http://207.153.22.19/anonymus/nwa/straight]

Public Enemy. *Yo! Bum Rush The Show*. (Def Jam) 1987.
It Takes A Nation of Millions To Hold Us Back. (Def Jam) 1988.
Fear Of A Black Planet. (Def Jam) 1990.
Apocalypse 91... The Enemy Strikes Back. (Def Jam) 1991.
Greatest Misses. (Def Jam) 1992.
Muse Sick-N-Hour Mess Age. (Def Jam) 1994.
Texte auf [http://207.153.22.19/anonymus/pb-enemy/]

The Clash. *The Clash*. (CBS) 1977.
Give 'Em Enough Rope. (CBS) 1978.
London Calling. (CBS) 1979.
Sandinista. (CBS) 1980.
Combat Rock. (CBS) 1982.
Cut The Crap. (CBS) 1985.
Texte auf [http://www.primenet.com/~jendave/clash/pages/lyrics.htm]

The Sex Pistols. *Never Mind The Bollocks*. (Virgin) 1977.
Texte auf [http://www.lyrics.ch/query/normal?artist=sex+pistols&album=Never+Mind+The+Bollocks&songs=]